토큰 캐피털리즘

디지털 시대 토큰 증권이 바꾸는 자본주의의 미래

정유열 · 김용진

TOKEN CAPITALISM

박영사 　서강비즈니스북스
SOGANG BUSINESS BOOKS

감사의 글

코로나 팬데믹 시기 나 자신의 나태함을 방지하고 도전정신을 되살리고자 인생 중년 느지막이 또다시 새로운 학문의 여정을 시작했습니다. 시작한 이래로 이 책이 완성되기까지 지나온 길을 돌이켜 보면, 혼자만의 힘으로 그 고달픈 길을 헤쳐 내기에는 어림도 없다는 것을 새삼 깨닫게 되었습니다. 주변 많은 분들의 지원과 지도 및 격려에 감사의 말씀을 전하기에 많이 부족한 글이지만 이 자리를 빌려 깊은 감사의 인사를 전하고 싶습니다.

먼저, 은사(恩師)이신 김용진 교수님의 전문적인 지도와 통찰력 있는 피드백은 이 학문적 여정을 이끄는 등대였습니다. 특히, 대내외적으로 바쁘신 와중에도 부족함이 많은 저를 위해 바른 길로의 가르침을 위해 아낌없이 시간을 내주신 덕분에 이번 여정을 무사히 마칠 수 있었습니다. 존경하는 교수님께 다시 한번 깊은 감사의 말씀드립니다. 또한, 부족한 제 연구의 면면을 다양하면서도 깊이 있게 해주시고 폭넓은 학문적 경험과 넓은 식견을 일깨워 주신 서강대 경영전문대의 전성률 교수님, 김주영 교수님, 김길선 교수님, 김도성 교수님, 이군희 교수님, 조봉순 교수님, 장영균 교수님, 서정일 교수님, 김남미 교수님, 안성필 교수님 등 여러 교수님들께도 이 자리를 빌려 감사의 인사를 올립니다.

동고동락하며 진심 어린 충고와 위로의 말을 전하며 서로에게 용기를 북돋아 준 모든 동기 원우님들에게 감사드립니다. 또한, 연구 과정 동안 행정 지원을 위해 물심양면 도움을 주신 학교 관계자분들께도 감사드립니다. 때때로 나의 말을 끝까지 들어주며 조언과 응원의 메시지를 아낌없이 전달해 준 영원한 벗 준식이와 애드피아 여러 친구들에게도 감사의 말씀을 전합니다.

항상 변함없는 격려의 말씀을 해주시며 정신적 지주 역할을 해주고 계시는 오지회 및 베우회 형님들께도 감사의 인사를 드립니다.

뭐니 뭐니 해도 가족들의 변함없는 사랑과 지지는 저에게 가장 큰 위안이자 영감이 되었습니다. 퇴근 후와 휴일날 가정일보다 연구에 전념할 수 있도록 아낌없는 헌신과 변함없는 지지를 보내준 사랑하는 아내에게 깊은 감사와 애정을 표합니다. 나에 대한 아내의 확고한 믿음은 끊임없는 동기부여의 원천이었습니다. 또한 이번 여정 동안 저에게 큰 기쁨과 힘을 준 사랑스러운 딸들에게도 진심 어린 고마움의 마음을 전합니다. 가까운 곳에 살면서 물심양면 도움을 많이 주신 장모님과 처형께도 감사의 말씀을 전합니다. 와병 중에도 자식에게 누가 안되려고 아픈 내색을 안하시고 희생과 변함없는 사랑으로 감동과 동기를 부여해 주신 어머니께 사랑한다는 말씀을 전합니다. 가족들의 사랑과 격려는 위안과 영감의 원천이 되었습니다.

마지막으로 이 여정을 위해 토큰 증권의 세계를 실제 경험하기 위해 해외가상자산거래소에 직접 투자하면서 끊임없이 질문하고 답을 찾으려고 했고, 도전과 불확실성에 직면했음에도 불구하고 지식과 성장을 추구하는 데 확고한 의지를 유지한 제 자신에 대해서도 고생했고 대견하다고 위로와 감사의 말을 전해주고 싶습니다.

　이 여정은 학문적 성취뿐만 아니라 개인적 성장과 자기 발견의 여정이기도 했습니다. 때때로 제 자신조차 의심했을 때, 주변 모든 분들의 끊임없는 믿음과 성원이 제게 인내력을 주었습니다. 이번 여정이 여기서 끝이 아니고 또 다른 시작의 준비과정이라는 것을 잘 알고 있습니다. 내 여정의 다음 장을 시작하면서 앞으로 다가올 기회에 대한 설렘으로 가득 차 있습니다. 다음 여정부터는 제가 더 많은 도움을 드릴 수 있도록 물심양면 도움을 주신 여러분의 기대에 어긋나지 않게 앞으로도 최선을 다하겠습니다.

　이번 여정에 그동안 저를 믿고 변함없는 지지와 격려를 보내주시며 함께해 주신 모든 분들께 다시 한번 진심으로 깊은 존경과 감사의 말씀을 올립니다. 감사합니다.

이 책은 최초 화두가 된 조각투자 시장을 넘어 전 세계적으로 이제 막 태동기에 접어든 토큰 증권 시장을 일반 대중들이 알기 쉽게 이해하고 접근할 수 있도록 하기 위한 목적으로 기획되었습니다. 이 책은 어떻게 하면 돈을 벌 수 있는지 하는 방법에 대한 것이 아니라는 점을 미리 말씀드립니다. 물론 이 책을 통해 토큰 증권의 주요 특성과 면면을 알아가면서 나름 관심을 가진 사업에서 비즈니스 모델을 구상하시는 분들은 사업 성과를 내는 데도 많은 도움을 받을 수 있을 것이라 생각됩니다.

금융투자의 세계는 일반 대중들이 친숙하게 접근하기 쉽지 않습니다. 거기에 가상화폐처럼 생긴 토큰 증권이라는 것을 이해하기는 정말로 쉽지 않습니다. 2023년 2월에 금융당국인 금융위원회에서 발표한 이래로 2024년 하반기에 거래가 시작될 예정이라고 합니다. 하지만 도대체 토큰 증권이라는 것이 무엇이며, 주식, 채권 등 전통적인 증권과 뭐가 다르고 뭐가 좋은지, 왜 나와야 하는 것인지 금융 당국에서 발표한 자료를 보더라도 전문가가 아닌 이상 이해하기가 쉽지 않습니다.

부의 양극화로 고통받고 있는 자본주의의 해결책으로써 토큰 증권의 역할이 무엇인지 과연 토큰 증권이 어떻게 사람들로 하여금 민주적인 방식으로 좀 더 풍요롭게 살아갈 수 있도록 그 역할을 충분히 할 수 있는지 이해하기 쉽게 이야기를 풀어가고자 했습니다. 먼저, 개괄적으로 전통적인 증권과 비교하여 토큰 증권의 어떤 특성들이 우리에게 어떤 이점들을 제공하는지는 가까운 미래에 자본시장이 변화하는 모습들로 이야기를 풀어갈 것입니다. 자본주의의 주요 장점인 경제 성장, 효율적 자원 배분, 개인 자유, 다양한 상품과 서비스를 더욱 강화하면서, 경제적 불평등, 시장 실패, 사회적 책임 부족, 주기적인 경제 불황 등의 단점을 극복할 수 있는 토큰 증권의 여러 특성을 실제 사례와 함께 상세히 이야기할 것입니다.

그래서 단계적으로 기초 지식 습득을 위해 토큰 증권의 기초가 되는 기술 환경적인 요소를 탐색해 보고자 했습니다. 그중에 핵심은 분산원장 기술인 블록체인입니다. 가상 화폐의 핵심 기술인 블록체인 기술을 이해해야 한다는 점에서 또다시 어려움을 느낄 수 있겠으나, 분장원장 기술의 활용을 중심으로 최대한 이해하기 쉽게 접근하고자 했습니다.

블록체인 기술은 다양한 산업에서 파괴적인 힘으로 등장했으며, 금융은 가장 큰 영향을 받는 분야가 되었습니다. 분산원장 기술인 블록체인의 힘은 우리에게 익숙한 전통적인 증권에서 벗어나 디지털 자산으로의 패러다임 전환을 유인하며 현대 금융의 판도를 재편하기 시작했습니다. 블록체인 기술로 가능해진 혁신적인 금융 상품인 토큰 증권은 주식, 채권 또는 부동산과 같은 거의 모든 실물 자산의 소유권을 디지털로 표현할 수 있도록 합니다. 토큰 증권과 가상자산의 가장 큰 차이점은 금융당국으로부터 서로 다른 규제를 받고 있다는 점입니다. 말 그대로 토큰 증권은 증권이기 때문에 증권 관련 규제의 대상이 됩니다. 또한, 증권으로서 금융당국의 규제를 받는다는 것은 투자자 보호 장치가 잘 마련되어 있다고 말할 수 있습니다.

이 책에서는 이러한 토큰 증권의 변화가 어떻게 시작되었는지, 그리고 그것이 우리의 경제와 사회시스템에 어떤 영향을 미치는지에 대해 상세히 살펴보고자 했습니다.

먼저, 블록체인 기술의 기본 원리와 그것이 어떻게 금융 거래를 더 투명하고 효율적으로 만드는지에 대한 배경 지식을 알아볼 것입니다. 그리고 블록체인 기반 토큰 증권이 어떻게 등장하게 되었는지 그 진화 과정에 대해서 살펴볼 것입니다. 다음으로 토큰 증권의 특성은 전통적인 증권과 많은 차이점이 있는데, 같은 디지털 증권인 전자 증권과의 차이에 대해서 상세히 살펴보면서, 앞서 토큰 증권을 도입한 국가에서 증권형 토큰을 어떻게 규제하고 있는지, 이것이 어떠한 영향을 미치는지에 대해서도 사례별로 자세히 살펴볼 것입니다.

그리고 전통적인 증권의 한계점과 그에 대한 해결방안으로서 블록체인의 특성을 활용한 토큰 증권의 기본 원리와 특성을 중점적으로 파헤쳐 볼 것입니다. 여기에 금융 거래 분석 차원과 디지털 트랜스포메이션 Digital Transformation의 주요 특성을 접목시켜 토큰 증권이 어떻게 전통적인 증권의 한계를 극복하는지를 상세히 분석했으며, 그에 따른 기대효과까지 일련의 과정을 체계화시켜 일반화함으로써 독자가 알기 쉽게 설명할 것입니다. 그리고 실제 해외에서 진행되고 있는 토큰 증권의 사례를 통해 부동산, 예술 작품, 인프라 파이낸싱과 같은 분야에서 어떻게 활용되고 있는지를 자세히 알아볼 것입니다. 또한 이 책이 제시한 일반화된 프레임워크가 실제 사례에서 어떻게 적용되고 있는지에 대한 내용도 깊이 있게 살펴볼 것입니다. 마지막으로 이러한 블록체인 기반 토큰 증권이 어떠한 경제적 효과를 가져올 것이며, 사회적 시스템에 어떠한 영향을 끼칠 것인지 사회과학적 접근방식으로도 이해하기 쉽게 전망하는 시간을 가져보려고 합니다.

토큰 증권은 이 세상 거의 모든 자산을 유동화할 수 있는 힘을 가지고 있습니다. 미래 금융 시장의 게임체인저 역할을 할 블록체인 기반 토큰 증권의 잠재력에 대해 이 책을 읽는 독자들이 미래 투자에 사용할 통찰력을 얻기를 바랍니다.

목차

토큰캐피털리즘

I

시작하기

시작하기

1 고통받는 현대 자본주의

자본주의(Capitalism)는 개인이나 기업이 생산 수단을 소유하고 운영하며, 이윤을 추구하는 경제체제를 의미합니다. 자본주의 체제에서는 시장의 자율과 경쟁을 통해 자원의 배분이 이루어지며, 정부의 개입은 최소화됩니다. 자본주의에서 이윤 추구와 경쟁은 기술 혁신과 생산성 향상을 이끌어내어 경제 성장을 촉진합니다. 또한 시장의 가격 메커니즘은 자원을 효율적으로 배분하고, 공급자와 소비자 모두에게 이익을 줍니다. 반면, 공공재의 부족, 외부 효과, 정보 비대칭 등으로 인해 시장 실패가 발생하여 시장이 효율적으로 작동하지 않을 때가 있습니다. 또한 지나친 이윤 추구로 인해 환경 파괴나 노동 착취 등 사회적 문제를 야기할 수도 있습니다. 자본주의 경제는 주기적인 경기 변동(호황과 불황)을 경험하며, 이는 실업과 경제적 불안을 초래할 수 있습니다.

자본주의는 개인과 기업의 경제적 자유와 경쟁을 바탕으로 한 경제 체제입니다. 자본주의는 경제 성장과 효율적인 자원 배분을 촉진하는 장점이 있지만, 동시에 경제적 불평등과 시장 실패 등의 단점도 내포하고 있습니다. 이러한 한계를 극복하고 보다 공정하고 지속 가능한 경제를 만들기 위해 다양한 정책적 노력과 혁신이 필요한데, 토큰 증권은 자본주의의 장점은 살리고 단점과 한계를 극복할 수 있는 혁신적인 방법입니다. 이를 통해 유동성 창출, 거래 비용 절감, 투명성 강화, 접근성 확대, 자본 조달 효율성 향상 등 여러 측면에서 자본 시장을 개선할 수 있습니다. 이러한 특성을 실제 사례와 함께 간략히 살펴보면 다음과 같습니다.

첫 번째는 유동성 창출 측면입니다. 토큰 증권은 블록체인 기술을 활용해서 실물 자산을 디지털 토큰으로 분할함으로써 쉽게 거래할 수 있게 합니다. 예를 들어, 미국 부동산 자산 토큰화 플랫폼 리얼티 RealT는 부동산을 토큰화해서 소액 분할 매매가 가능하도록 하는 플랫폼입니다. 리얼티는 실제 미국 디트로이트 소재 부동산을 토큰화해서 팔고 있으며, 투자자들은 소액으로도 부동산에 투자하여 건물주처럼 안정적인 월세 수입을 얻고 있습니다. 부동산 시장의 유동성을 높여 더 많은 투자 기회를 창출한 것입니다. 또한, 오픈 파이낸스 네트워크 OpenFinance Network와 같은 플랫폼은 토큰화된 증권의 유통을 가능하게 하여 투자자가 보유 자산을 보다 쉽게 사고 팔 수 있게 해줍니다.

두 번째로 토큰 증권은 중개인을 필요로 하지 않는 블록체인 거래를 통해 거래 비용을 절감합니다. 스마트 계약을 통해 자동화된 거래가 가능해집니다. 스위스의 식스 디지털 거래소 Six Digital Exchange(SDX)는 블록체인 기술을 활용해 중개 수수료를 줄이고, 빠른 거래를 가능하게 했습니다. 투자자들은 낮은 비용으로 자산을 거래할 수 있습니다. 미국 토큰 증권 발행(Security Token Offering) 플랫폼인 시큐리타이즈 Securitize는 스마트 계약을 사용하여 규정을 준수하는지 확인하고 프로세스들을 자동화하여 증권 발행 및 관리와 관련된 시간과 비용을 크게 줄이고 있습니다.

세 번째는 투명성과 보안 강화 측면으로 블록체인에 기록된 모든 거래 내역은 누구나 확인할 수 있어 투명성을 증가시키고, 블록체인의 특성상 거래 기록 변조가 어려워 보안을 강화합니다. IBM과 세계 최대의 컨테이너 선박 회사인 머스크 Maersk가 공동으로 개발한 트레이드렌즈 TradeLens 는 블록체인 기반의 글로벌 공급망 관리 솔루션입니다. 이 플랫폼은 블록체인을 활용해 글로벌 무역에서 모든 거래 내역을 투명하게 관리하고, 불법 거래와 사기를 방지하고 있습니다. 또한 2023년 12월 프랑스의 대형 은행인 소시에테 제너럴 Societe Generale은 세계 최초의 디지털 그린 채권인 토큰 증권을 이더리움(ETH) 블록체인 상에서 발행했는데, ESG(Environmental 환경, Social 사회, Governance 거버넌스) 데이터를 둘러싼 투명성과 추적 가능성을 높이기 위해 친환경 채권을 발행했다고 밝혔습니다.

네 번째는 접근성 확대로, 토큰화된 자산은 글로벌 시장에서 쉽게 거래될 수 있어 지리적 제약 없이 전 세계의 투자자들에게 접근성을 보장합니다. 또한 분할 소유권을 통해 소액 투자자도 고액 자산에 투자할 수 있습니다. 예를 들어, 예술품 거래 플랫폼인 매세나스 Maecenas는 앤디 워홀의 작품을 토큰화하여 전 세계의 투자자들이 소액으로 예술품에 투자할 수 있게 했습니다.

다섯 번째는 자본 조달의 효율성 측면입니다. 블록체인에 기반한 자본 조달 방식은 전통적인 방식보다 빠르고 효율적입니다. 이는 혁신적인 기업들이 빠르게 자본을 모을 수 있도록 도와줍니다. 앞서 이야기한 프랑스의 소시에테 제너럴은 2019년 민간은행이 발행한 커버드본드 Covered Bond(담보대출 채권)로서는 사상 최초로 이더리움 블록체인 기술을 이용하여 1억 유로 규모의 토큰형 채권을 발행하여, 신속하고 효율적으로 자본을 조달했습니다.

여섯 번째는 포용적 금융 환경으로, 토큰 증권은 금융 서비스를 접근하기 어려운 사람들에게도 투자 기회를 제공합니다. 이는 경제적 불평등을 줄이고, 더 많은 사람들에게 부의 창출 기회를 제공합니다. 예를 들어, 에스토니아의 엔젤 Angel 투자 및 벤처 투자를 위한 거래 플랫폼인 펀더빔 Funderbeam은 스타트업들이 토큰화된 주식을 발행하여 전 세계 투자자들로부터 자금을 유치할 수 있게 했습니다. 이는 스타트업이 쉽게 자금을 모으고, 더 많은 사람들이 스타트업에 투자할 기회를 제공했습니다.

마지막으로 주기적인 경제 불황 완화 측면입니다. 토큰 증권은 다양한 자산에 대한 접근성을 높이고, 투자 포트폴리오를 다양화함으로써, 시장의 변동성에 대한 대응력을 강화합니다. 티제로 tZERO는 블록체인 기반의 증권 거래 플랫폼을 운영하며, 주식 외에도 부동산, 예술품 등 다양한 자산에 투자할 수 있는 기회를 제공합니다. 이는 투자자들이 경제 불황 시에도 포트폴리오를 다변화하여 위험을 분산할 수 있게 합니다. 본문에서는 각 항목별로 좀 더 자세히 살펴보도록 하겠습니다.

블록체인 기술의 출현은 다양한 산업 전반에 걸쳐 거대한 혁신을 불러일으키고 있는데, 금융은 가장 큰 영향을 받는 분야입니다. 블록체인이 가진 분산되고 안전하며 투명하다는 특성은 암호화폐나 토큰화된 자산과 같은 혁신적인 금융 상품의 개발을 위한 길을 열었습니다. 그러한 혁신 중 하나가 전통적인 금융 시스템을 혁신할 수 있는 잠재력을 가진 블록체인 기반 토큰 증권입니다.

토큰 증권은 블록체인에 기록된 주식, 채권 또는 부동산과 같은 실제 자산의 소유권을 디지털로 표현한 것입니다. 이러한 자산을 토큰화 함으로써 증권 구매, 판매 및 관리 프로세스를 보다 비용 효율적으로 만들면서도 보다 광범위한 투자자에게 접근성을 제공합니다. 이러한 변화는 시장자본주의 경제 체제를 재구성하고 개인과 기업 모두에게 새로운 기회를 제공할 것입니다.

경제적 영향 외에도 블록체인 기반 토큰 증권은 사회 시스템에 영향을 미칠 가능성을 가지고 있습니다. 투자 기회 확대와 금융 서비스에 대한 접근의 민주화는 더 큰 포용 금융으로 이어져 모든 계층의 사람들에게 실질적인 부의 창출 기회를 제공할 수 있습니다. 또한 블록체인 기술이 제공하는 투명성과 보안은 금융 시스템에 대한 신뢰를 높이고 부패 및 사기와 같은 문제를 해결하는 데 도움이 될 수 있습니다.

그러나 블록체인 기반 토큰 증권의 광범위한 채택에 문제가 없는 것은 아닙니다. 디지털 자산에 대한 규제 관련 프레임워크가 아직 초기 단계에 있는데, 금융 혁신의 성공을 보장하려면 개인 정보 보호, 데이터 보안 및 기술적 제약에 대한 우려를 해결해야 합니다.

이 책은 블록체인 기반 토큰 증권에 대한 이해도를 높일 수 있도록 실질적인 프레임워크를 새롭게 제시하고 토큰 증권으로 인한 경제적 효과와 사회 시스템에 미치는 영향을 상세히 살펴보고자 합니다. 또한 향후 토큰 증권의 활성화 및 금융의 미래에 대해 좀 더 심도 깊게 탐구하고자 하는 이들을 위해 이러한 토큰 증권의 잠재적 이점과 토큰 증권의 과제들을 살펴볼 것입니다.

2 토큰 증권과 더 좋은 자본주의

'토큰 증권(Token Security)'과 '자본주의(Capitalism)'의 합성어로 토큰캐피탈리즘(TokenCapitalism)은 부동산, 주식, 지식재산권 등 전통적인 자산이 블록체인 플랫폼에서 디지털 토큰으로 표현되고 거래되는 경제 시스템을 의미합니다. 자본과 자산을 디지털 토큰으로 표현하여 소유, 관리, 거래하는 방식으로의 패러다임 변화를 말합니다. 이 시스템에서는 블록체인 기술을 활용하여 자산의 소유권을 디지털 토큰으로 분할하고, 이를 통해 투자 기회에 대한 접근을 민주화하고 시장 유동성을 향상하며 더욱 투명하고 효율적인 자본 배분과 자산 관리를 가능하게 합니다.

한 지역을 대표하는 랜드마크로서의 상업용 건물 자산소유권을 디지털 토큰 증권으로 발행한다고 가정해 봅시다. 해당 건물의 가치가 향후 충분히 상승할 것이라 생각하는 다수의 투자자들은 소액 투자자를 포함하여 해당 건물의 소유권을 나타내는 토큰을 구매할 것입니다. 이는 당연한 것으로 임대료 수익을 얻을 수 있을 뿐만 아니라 자산가치가 상승하여 시장에서 취득가액 이상으로 처분할 수 있는 기회를 가질 수 있기 때문입니다. 이로 인해 해당 건물의 토큰 투자자들은 건물에 입주해 있는 입주업체들이 많은 수익을 내서 건물 가치와 임대료를 지속적으로 높여 주기를 기대합니다. 여기서 다수의 토큰 투자자들은 강 건너 불구경만 하는 게 아니라 건물과 임대료 가치를 높일 수 있도록 직접 참여하는 마케터로서의 역할을 적극적으로 하게 됩니다. 예를 들어, 유명 프랜차이즈 기업인 스타벅스가 해당 건물에 입주해 있다면, 다수의 토큰 투자자들은 다른 곳에 있는 커피전문점을 가느니 토큰을 보유하고 있는 건물내에 입주해 있는 스타벅스가 있는 곳으로 발길을 돌릴 것입니다. 물론 각종 만남 및 약속 장소로 지인들을 끌어모으는 역할도 할 것입니다. 이는 해당 건물의 토큰보유자가 많으면 많을수록 보이지 않는 마케팅 효과가 기하급수적으로 늘어나 건물 가치와 임대료 상승에 많은 영향을 줄 것입니다. 결과적으로 건물의 임대수익 증가는 토큰 보유자의 수익 배당 증가로 이어질 것이고, 건물의 가치 향상에 지대한 영향을 줄 것입니다. 넓게 보면 지역 사회 발전에도 많은 기여를 할 수 있을 것입니다. 소액으로도 큰 자산에 대한 투자를 할 수 있게 되어 투자 기회의 민주화에 기여할 수 있고, 시장 유동성을 향상시킬 수 있게 되어 토큰보유자 및 입주업체 등 건물의 모든 이해관계자가 서로 윈윈(win win)할 수 있는 선순환적인 경제 구조를 만들 수 있습니다. 이것이 토큰캐피털리즘(TokenCapitalism)이 지향하는 경제 구조입니다.

토큰 증권은 전통적인 금융 시스템의 여러 가지 본질적인 한계와 비효율성을 해결함으로써 자본주의의 틀을 크게 개선할 수 있는 잠재력을 가지고 있습니다. 더 좋은 자본주의에 진일보하는 방법으로 접근성 증대와 투자 민주화로 부의 양극화 해소와 거래 기회의 공평성을 제공할 수 있습니다. 다수의 일반 투자자들은 부동산, 예술품, 벤처 캐피털과 같은 고가치 자산을 원하는 만큼 일정 부분의 소유권을 구입할 수 있고 이는 진입 장벽을 낮추고 전통적으로 부유한 개인이나 기관만이 접근할 수 있었던 시장에 더 많은 일반 투자자가 참여할 수 있게 해줍니다. 또한 세계 각지의 모든 투자자들은 지리적 또는 경제적 장벽 없이 토큰화된 자산에 접근하고 투자할 수 있습니다. 블록체인은 불변의 거래 원장을 제공하여 한층 더 모든 거래 정보가 투명하고 변경될 수 없도록 보장합니다. 이를 통해 사기 위험을 줄이고 투자자 간의 신뢰를 더욱 높일 수 있습니다. 자동화된 스마트 계약은 중개자 없이도 합의된 대로 정확하게 거래가 실행되도록 보장하며, 인적 오류 가능성을 줄이고 거래의 효율성을 향상시킬 수 있습니다.

투자자는 원하는 만큼의 다양한 토큰화된 자산에 직접적인 소유권을 가짐으로써 포트폴리오를 쉽게 다각화할 수 있고, 투자에 대한 통제력이 향상되고 금융 기관에 대한 의존도를 줄일 수 있습니다. 이는 위험을 분산시키는 데 도움이 되며 보다 안정적인 수익을 얻을 수 있습니다.

결론적으로 토큰 증권은 전통적인 자본주의의 단점을 해결하면서 금융 영역의 변혁적인 혁신을 이끌 것입니다. 접근성 향상, 유동성 강화, 투명성 제고, 비용 절감을 통해 조금 더 투명하면서 부의 양극화를 해소하고, 거래 기회의 공평성에 한발자국 다가감으로써 경제 성장과 부의 분배를 보다 효과적으로 촉진하는 더 좋은 자본주의 위한 기반을 마련할 것입니다.

3 무엇을 고민할 것인가?

여기서 다루는 내용의 범위와 한계는 블록체인 기반 토큰 증권에 대한 초점, 주제의 학제적 특성, 현재 지식 및 기술 개발 상태 등 다양한 분야와 요인들을 포괄적으로 다루고 있습니다.

3-1. 범위

먼저, 주요 초점은 블록체인 기반 토큰 증권의 주요 특성과 역할, 경제 및 사회 시스템에 미치는 영향의 이해입니다. 포괄적인 이해를 제공하기 위해 블록체인 기술과 다양한 토큰 유형(예: 유틸리티 토큰 및 대체 불가능한 토큰)을 이야기하면서 토큰 증권이 금융 시장과 사회 시스템에 미치는 영향에 중점을 둘 것입니다.

둘째, 금융, 경제, 기술, 사회과학 등 다양한 분야를 포괄하는 학제적 접근 방식을 활용할 것입니다. 이 전체론적 관점은 블록체인 기반 토큰 증권이 경제 및 사회 시스템의 다양한 측면에 미치는 다각적인 영향을 이해하는 데 도움이 될 것입니다.

셋째, 블록체인 기술 및 토큰 증권의 기본 원리와 실제 운영 사례를 제시함으로써 주제의 이론과 실질적인 측면을 함께 고려할 것입니다. 이 접근 방식은 이론과 실제 사이의 격차를 해소하는 데 도움이 될 것이며, 금융 혁신의 실질적인 영향에 대한 귀중한 통찰력을 제공할 것입니다.

3-2. 한계 및 제약 사항

첫째, 블록체인 기술과 관련 어플리케이션들의 급속한 발전 특성을 감안할 때, 이 책에서 기술되는 것은 시기적으로 2024년 초까지의 지식 상태로 제한될 것입니다. 따라서 여기서 언급된 결론은 다양한 요소들의 발전과 혁신으로 인해 새로운 것으로 변경될 수 있습니다.

둘째, 규제 프레임워크에 대한 내용은 다양한 국가와 관할권역에 걸쳐 규제의 개발과 채택 시기에 따라 제한적인 내용이 될 수 있습니다. 특히, 글로벌 규제 환경에 대한 포괄적인 개요를 제공하려고 시도하지만 모든 법적 측면이나 관할권을 자세히 다루지는 못할 것입니다.

셋째, 토큰 증권의 시장 초기 단계로 인해 경험적 데이터와 실제 사례의 가용성이 제한될 수 있습니다. 이 제약 조건은 특히 실제 시나리오에서 이러한 토큰 증권의 실제 구현을 검토할 때 특정 영역의 분석 깊이에 영향을 미칠 수 있습니다.

이러한 한계에도 불구하고 블록체인 기반 토큰 증권의 잠재력과 경제 및 사회 시스템의 영향에 대한 귀중한 통찰력을 제공하여 새로운 금융 혁신을 둘러싼 지속적인 담론에 기여하는 것을 목표로 하고 있습니다.

3-3. 상세 내역

이 책에서는 총 8개의 섹션으로 구성되어 있으며, 각 주요 섹션에서는 블록체인 기반 토큰 증권의 쉬운 이해를 위해 실질적인 개념적 구조와 경제 및 사회 시스템에 미치는 영향을 다루고 있습니다. 섹션별 주요 내역은 다음과 같습니다.

토큰캐피털리즘

1장. 시작하기

이 섹션에서는 주제에 대한 배경과 목표 설명을 시작으로 내용의 범위와 제한 사항에 대해 살펴봅니다. 그리고 다룰 내용에 대한 개요를 간략히 정리하여 안내합니다.

2장. 토큰 증권의 기초

토큰 증권의 기초에서는 블록체인 기술의 개괄적인 내용을 시작으로 토큰 증권의 진화와 고유한 특성을 심층적으로 알아봅니다. 또한 블록체인 기반 토큰 증권의 주요 이슈 사항인 국내외 규제 및 법적 프레임워크 측면을 알아봅니다.

3장. 토큰 증권의 개념적 구조

이 섹션에서는 전통적인 증권의 문제점을 파악해서 해결요소를 제시하고, 금융 거래 분석 차원에서 디지털 트렌스포메이션 Digital Transformation의 주요 특성과 토큰 증권 특성의 관계성을 체계적으로 재구성하여 전통적인 증권의 문제 해결요소와의 연관성을 심층적으로 파악하여 기대효과를 도출합니다. 이러한 일련의 과정을 그림과 다이어그램을 이용해서 더욱 흥미롭고 직관적으로 이해할 수 있도록 정보를 정돈하고 관계를 시각화하여 복잡한 개념을 단순화하는 과정을 통해 블록체인 기반 토큰 증권의 개념적 구조를 제시합니다.

4장. 토큰 증권의 실제 활용 사례

이 섹션에서는 부동산, 예술 및 문화 자산, 인프라 파이낸싱과 같은 다양한 분야에서 블록체인 기반 토큰 증권의 실제 활용 사례를 집중적으로 살펴보도록 합니다. 이러한 실사용 사례가 앞서 언급한 토큰 증권의 개념적 구조에 잘 부합되어 있는지 검증 및 확인하는 일련의 과정도 병행하여 분석합니다.

5장. 토큰 증권의 경제적 효과

이 섹션에서는 블록체인 기반 토큰 증권 채택의 경제적 영향과 효과에 대해서 탐구합니다. 금융 거래의 효율성과 투명성 측면, 자본 및 투자 기회에 대한 접근성 증가, 탈중앙화와 중개 감소로 비용 절감, 리스크 관리 및 재무 안정성과 같은 잠재적 이점을 상세히 파헤쳐 봅니다.

6장. 토큰 증권의 사회적 영향

이 섹션에서는 블록체인 기반 토큰 증권 채택의 사회적 영향으로 금융 포용과 부의 민주화를 선도하며, 새로운 일자리 창출과 새로운 비즈니스 모델의 촉진제 역할로의 측면에 대해서 분석을 진행합니다. 또한, 금융 시스템에 대한 신뢰를 조성하는 데 있어 개인 정보 보호와 데이터 보안의 중요성을 강조하며, 교육과 대중 인식 측면의 중요성도 상세히 살펴볼 것입니다.

7장. 도전과 기회

이 섹션에서는 규제 환경, 시장 채택 문제를 포함하여 블록체인 기반 토큰 증권의 광범위한 채택을 위한 주요 과제와 장벽을 식별합니다. 또한 이러한 과제에 대한 잠재적 해결책에 대해서 살펴보고 이 분야의 성장과 혁신에 대한 미래 전망을 나름 제시합니다.

8장. 마무리

마지막 섹션에서는 앞서 서술한 주요 내용의 결과를 중요한 발견으로 요약하고, 정책과 실행에 대한 시사점을 중점적으로 제시합니다. 또한 미래 경제 성장의 도구로서 블록체인 기반 토큰 증권 활용 극대화를 위해 향후 잠재적인 진행 방향과 유연하게 대응하기 위한 고려사항에 대해서 예측하며 마무리합니다.

이러한 내용 구조를 따라 주제에 대한 포괄적이고 일관된 분석을 제공하며 블록체인 기반 토큰 증권의 다양한 측면과 경제 및 사회의 미래에 대한 영향 분석 내용에 대해 쉽게 이해하고 접근할 수 있는 것을 목표로 합니다.

II

토큰 증권의 기초

Ⅱ 토큰 증권의 기초

1 블록체인(blockchain) 기능과 역할

1-1. 블록체인 기술의 기본

나카모토 사토시가 비트코인 백서에서 처음 소개한 블록체인 기술은 중개인 없이 당사자 간 안전하고 투명한 거래가 가능한 분산원장 기술 (Distributed Ledger Technology, DLT)입니다. 블록체인은 본질적으로 트랜잭션 데이터를 포함하며, 각 블록은 이전 블록과 암호화된 방식으로 연결되어 저장된 데이터의 불변성과 보안을 보장합니다. 즉, 블록체인 기술은 여러 당사자가 안전하고 투명하며 위조 방지 방식으로 거래를 기록할 수 있는 탈중앙화 분산 원장 시스템입니다.

블록체인 기술의 기본 구성 요소는 다음과 같습니다.

1. 블록: 트랜잭션은 체인의 이전 블록에 암호화 방식으로 연결된 블록으로 그룹화되어 끊어지지 않고 되돌릴 수 없는 트랜잭션 데이터 체인을 생성합니다.

2. **합의 메커니즘:** 작업 증명(Proof of Work, PoW)[1] 또는 지분 증명(Proof of Stake, PoS)[2]과 같은 합의 알고리즘은 거래가 블록체인에 추가되기 전에 거래를 검증하고 확인하는 데 사용됩니다. 이는 트랜잭션 데이터의 무결성을 보장하고 이중 지출이나 무단 변경을 방지합니다.

3. **분산화:** 블록체인 기술은 원장을 집합적으로 유지하고 업데이트하는 노드(컴퓨터)의 분산 네트워크에 의존합니다. 이렇게 하면 중앙 기관이나 중개자가 필요하지 않으므로 단일 실패 지점, 검열 또는 조작의 위험이 줄어듭니다.

4. **암호화:** 공개 및 개인 키 암호화와 같은 암호화 기술은 블록체인의 데이터를 보호하고 거래의 프라이버시와 신뢰성을 보장합니다.

5. **스마트 계약:** 블록체인 기술은 다양한 프로세스의 자동화와 새로운 금융 상품 또는 서비스 생성을 가능하게 하는 프로그래밍 가능한 자체 실행 계약을 지원할 수 있습니다.

블록체인 기술의 주요 특징 중 하나는 합의 메커니즘으로, 네트워크의 모든 참가자가 트랜잭션의 유효성에 동의하도록 보장합니다. 가장 잘 알

---

1 작업증명은 또 다른 블록체인 합의 메커니즘으로, 암호화폐의 거래 처리 및 블록 생성에 사용됩니다. PoW에서는 마이너(Miner)라고 불리는 컴퓨터가 수학적 문제를 풀어야 하며, 이 작업을 통해 새로운 블록을 생성하고 거래를 검증합니다. 이것은 또한 블록체인의 보안을 강화하는 데 사용됩니다.

2 지분증명(PoS)은 블록체인 합의 메커니즘 중 하나로, 암호화폐 거래를 처리하고 블록체인에 새로운 블록을 생성하기 위해 사용됩니다. PoS 네트워크에서 "밸리데이터(Validator)"라고 불리는 특정 노드들이 거래를 검증하고 새로운 블록을 추가하는데, PoS는 작업증명(PoW) 시스템을 개선하고, 블록체인 해킹을 어렵게 만드는 데 도움이 됩니다.

려진 합의 메커니즘은 비트코인이 사용하는 작업 증명(Proof of Work, PoW)으로, 채굴자들은 체인에 새로운 블록을 추가하기 위해 복잡한 수식을 풀어 조건에 맞는 해시값을 찾는 과정을 무수히 반복함으로써 해당 작업에 참여했음을 증명하는 방식의 알고리즘입니다(Zohar, 2015). 다른 합의 메커니즘에는 네트워크 토큰의 소유권 또는 위임에 의존하여 트랜잭션을 검증하는 지분 증명(Proof of Stake, PoS)과 위임된 지분 증명(Delegated Proof of Stake, DPoS) 등이 있습니다.

1-2. 블록체인의 기능

블록체인 기술은 다양한 산업에 널리 활용될 수 있는 잠재력에 기여하는 몇 가지 중요한 기능을 제공합니다(Mougayar, 2016).

첫째, **불변성**(Invariability)입니다. 데이터가 블록체인에 저장되면 데이터를 변경하거나 삭제할 수 없으므로 저장된 정보의 무결성이 보장됩니다.

둘째, **투명성**(Transparency)입니다. 퍼블릭 블록체인의 모든 트랜잭션은 모든 사람이 볼 수 있으므로 트랜잭션의 투명성과 추적성이 향상됩니다.

셋째, **분산**(Distributed)입니다. 블록체인 기술은 분산된 네트워크에서 작동하므로 중앙 당국이나 중개자가 필요하지 않으므로 트랜잭션 비용을 절감하고 보안을 강화할 수 있습니다.

넷째, **보안**(Security)입니다. 암호화 해싱 및 합의 메커니즘을 사용하여 트랜잭션의 보안을 보장하고 악의적인 행위자가 데이터를 조작하는 것을 방지합니다.

1-3. 블록체인 유형

블록체인에는 크게 세 가지 유형이 있으며, 각각의 사용 사례와 특성이 있습니다(Zohar, 2015).

첫째, **퍼블릭 블록체인**(Public Blockchain)입니다. 인터넷이 연결되는 환경이라면 누구든지 자유롭게 참여할 수 있는 공공 블록체인 또는 개방형 블록체인이라고 합니다. 예를 들어, 잘 알려진 비트코인과 이더리움, 이오스 등이 퍼블릭 블록체인 방식으로 운영되고 있습니다. 퍼블릭 블록체인은 일반적으로 투명성과 보안이 향상되지만 반면 확장성에는 해결해야 할 요소도 존재합니다.

둘째, **프라이빗 블록체인**(Private Blockchain)입니다. 단일 조직 또는 제한된 인원들만 참여할 수 있는 폐쇄형 네트워크입니다. 참가자는 네트워크에 참여할 수 있는 권한을 관계자의 승인을 얻어야만 가능합니다. 프라이빗 블록체인은 제어 능력과 확장성을 향상시키지만 퍼블릭 블록체인에 비해 분산화와 투명성은 부족한 면이 존재합니다.

셋째, **컨소시엄 블록체인**(Consortium Blockchain)입니다. 컨소시엄 블록체인은 퍼블릭 블록체인과 프라이빗 블록체인의 중간 형태로 중앙 관리자에 의해 승인받은 참여자만 블록 생성에 참여할 수 있는 프라이빗 블록체인과 유사한 네트워크입니다. 차이점은 하나의 기관에서 독자적으로 운영하는 블록체인망을 구성하는 프라이빗 블록체인과 다르게 같은 목적을 가지고 있는 여러 기관이 하나의 컨소시엄을 구성하여 운영하는 네트워크입니다. 퍼블릭과 프라이빗 양측면을 결합하여 투명성과 확장성을 보완하여 제공할 수 있습니다. 다수 참여자의 협의가 필요한 분야에서는 보다 효과적으로 사용할 수 있는 블록체인 유형이라 할 수 있습니다.

1-4. 블록체인 기술의 응용

블록체인 기술은 다양한 산업군에서 거래 및 정보 공유 방식에 중대한 변화를 가져올 수 있는 잠재력을 가지고 있습니다(Tapscott & Tapscott, 2016). 블록체인 기술의 주목할 만한 대표적인 활용 분야는 다음과 같습니다.

첫째, 금융부문입니다. 블록체인 기술은 안전하고 효율적인 글로벌 (Global) 결제, 송금 및 무역거래에 사용되어 거래 비용을 절감하고 투명성을 높일 수 있습니다.

둘째, 공급망 관리와 같은 유통 분야입니다. 블록체인은 제품의 출처와 움직임에 대한 부정 조작 방지 기록을 제공함으로써 공급망의 추적성, 투명성 및 효율성을 향상시킬 수 있습니다.

셋째, 의료 분야입니다. 블록체인 기술을 사용하여 환자 의료 기록을 안전하게 저장하고 공유함으로써 의료 제공업체 간의 개인 정보 데이터 보호와 상호 운용성을 개선할 수 있습니다.

넷째, 신분증명서(ID) 관리를 하는 등 개인정보를 취급하는 분야입니다. 블록체인은 안전하고 분산된 디지털 신분증명서를 생성하여 개인이 중앙 집중식 기관에 의존하지 않고 개인 정보를 제어하고 공유할 수 있도록 지원합니다.

1-5. 블록체인 기술의 과제와 한계

블록체인 기술은 여러 주요 이점에도 불구하고 다음과 같이 해결해야 할 과제와 한계에 직면해 있는 것 또한 사실입니다(Swan, 2015).

첫째, 확장성입니다. 블록체인 기술의 주요 과제 중 하나는 특히 퍼블릭 블록체인의 확장성입니다. 현재의 기술로서는 초당 처리할 수 있는 트랜잭션 수가 제한되어 있어 기술의 광범위한 채택을 방해할 수 있습니다.

둘째, 에너지 소비 측면입니다. 비트코인(Bitcoin)이 사용하는 것과 같은 작업 증명(Proof of Work, PoW) 컨센서스 메커니즘은 상당한 양의 에너지를 소비하므로 기술의 환경적 영향에 대한 우려가 제기되기도 합니다.

셋째, 개인 정보 취급 부문입니다. 공개 블록체인은 투명성을 제공하지만 중요한 정보를 공개하여 사용자 개인 정보를 손상시킬 수도 있습니다. 프라이빗 및 컨소시엄 블록체인은 이러한 개인 정보 보호 문제를 일부 완화할 수 있지만 분산과 투명성이라는 다른 이점을 희생시킬 수도 있습니다.

넷째, 상호 운용성 부문입니다. 현재 블록체인 상호 운용성에 대해 보편적으로 인정되는 표준이 없기 때문에 서로 다른 블록체인 네트워크 간의 호환성과 원활한 상호 작용은 여전히 과제로 남아 있습니다.

결론적으로, 블록체인 기술은 트랜잭션과 데이터 스토리지를 위한 안전하고 투명하며 분산된 솔루션을 제공함으로써 다양한 산업에 혁신을 일으킬 수 있는 잠재력을 가지고 있습니다. 그러나 블록체인 기술이 이러한 이점들을 최대한 발휘하려면 확장성, 에너지 소비, 개인 정보 보호 및 상호 운용성과 같은 과제를 해결해야 한다는 것도 사실입니다.

토큰 증권은 무엇이며 어떻게 변해왔는가?

토큰화란 기존의 금융자산이나 실세계의 자산(부동산, 미술품 등)을 블록체인 기술을 사용하여 디지털 토큰으로 변환하는 과정을 의미하는데, 이 토큰은 자산에 대한 정보(소유권, 가치 등)를 대표하며 기록하기 위해 블록체인의 코드 조각인 토큰을 생성하는 것을 의미합니다.

그림 1.

보스턴 컨설팅 그룹(BCG) 연구 자료

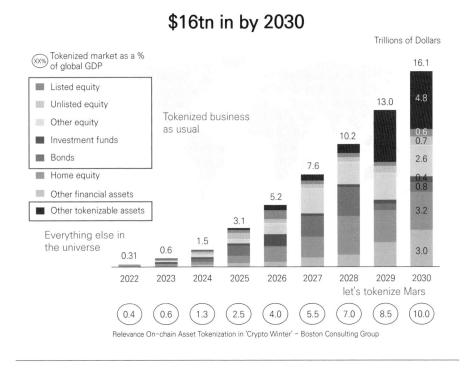

Relevance On-chain Asset Tokenization in 'Crypto Winter' – Boston Consulting Group

BCG^3 및 ADDX 연구에 따르면 전 세계 비유동 자산의 토큰화는 2030년까지 전 세계 GDP의 거의 10%에 해당하는 16조 달러의 비즈니스 기회가 될 것으로 추정하고 있습니다. 여기에는 주택 자산 3조 달러, 상장/비상장 및 기타 주식 4조 달러, 채권 및 투자 펀드 1조 달러, 기타 금융자산 3조 달러, 기타 토큰화 가능한 자산 5조 달러를 포함하고 있습니다.

2-1. 디지털 자산의 초기 발전

2008년 비트코인의 등장은 블록체인 기술을 활용하여 안전하고 분산된 투명한 거래를 가능하게 하는 디지털 자산과 암호화폐의 시작을 알렸습니다. 비트코인의 성공에 이어 스마트 컨트랙트 개념을 도입한 이더리움 등 수많은 암호화폐와 디지털 자산이 개발되어 프로그래밍 가능한 거래와 분산형 애플리케이션 개발이 가능해졌습니다(Buterin, 2017).

2-2. Initial Coin Offerings (ICO)

디지털 자산의 인기가 높아짐에 따라 ICO(Initial Coin Offering)^4 형태의 새로운 자금 조달 메커니즘이 등장했습니다. ICO를 통해 블록체인 기반 프로젝트가 투자자에게 자체 토큰을 발행하여 비트코인이나 이더리움과

---

3 출처: Sumit Kumar et al., "Relevance of On-Chain Asset Tokenization in Crypto Winter," BCG x ADDX, August 2022.

4 ICO는 암호화폐 스타트업이 새로운 프로젝트를 위한 자본을 조달하기 위해 사용하는 자금 조달 방법입니다. ICO에서 기업은 일반적으로 비트코인이나 이더리움과 같은 암호화폐 형태로 자금 대가로 투자자에게 디지털 토큰이나 코인을 발행합니다. 이러한 토큰은 프로젝트에 대한 소유권 또는 개발된 제품이나 서비스에 대한 액세스를 나타냅니다.

같은 암호화폐를 대가로 자금을 조달할 수 있었습니다(Momtaz, 2021). 그러나 ICO는 대체로 규제의 사각지대에 존재하며, 많은 프로젝트가 약속을 제대로 이행하지 못하는 사건이 왕왕 발생함으로써 투자자들에게 상당한 재정적 손실을 초래하여 규제 기관들 사이에서 많은 우려가 제기되었습니다.

ICO 사건의 주목할 만한 예 중 하나는 2017년에 널리 주목을 받은 "Centra Tech" ICO의 경우입니다. Centra Tech는 사용자가 전통적인 소매업체에서 비트코인 및 이더리움과 같은 디지털 화폐를 사용할 수 있는 암호화폐 직불 카드를 개발하고 있었습니다. 이 프로젝트는 ICO를 통해 약 2,500만 달러를 모금했으며 수천 명의 개인으로부터 투자를 유치했습니다. 그러나 2018년 4월 미국 증권거래위원회(SEC)는 사기성 ICO를 주도한 혐의로 Centra Tech의 공동설립자 샘 샤르마(Sam Sharma)와 로버트 파르카스(Robert Farkas)를 기소했습니다. 미국 증권거래위원회는 창업자들이 주요 신용카드 회사와의 파트너십을 조작하고 경영진의 자격 증명을 위조함으로써 투자자들을 오도했다고 주장했습니다. 또한 미국 증권거래위원회는 Centra Tech가 미국 증권법을 위반하여 미등록 증권을 판매했다고 비난했습니다. SEC의 고발로 인해 Centra Tech의 ICO 토큰(CTR) 가치가 급락했으며 해당 프로젝트는 손실을 복구하려는 투자자들로부터 법적 조치에 직면했습니다. 2019년 11월 Sharma와 Farkas는 Centra Tech ICO와 관련된 증권 사기, 전신 사기, 음모 혐의에 대해 유죄를 인정했습니다. 이후 이들은 징역형을 선고받고 벌금과 배상금을 지불하라는 명령을 받았습니다. Centra Tech 사례는 ICO 투자의 위험과 그러한 제안에 참여하기 전에 철저한 실사 수행의 중요성에 대해 일깨워 주고 있습니다.

다른 유형의 ICO 사건에는 명시된 목표를 달성하지 못하거나 ICO를 통해 자금을 조달한 후 상당한 차질을 겪는 프로젝트가 대부분입니다. 여기에는 기술적인 어려움, 규제 문제 또는 자금의 잘못된 관리가 포함될 수 있으며, 이로 인해 투자자의 신뢰가 상실되고 프로젝트 창시자에 대한 법적 조치가 취해질 수 있습니다. 또한 ICO는 다수 국가들의 규제 당국으로부터 조사를 받아 증권법을 위반하거나 사기 행위에 연루된 프로젝트에 대한 규제 감독 및 집행 조치가 강화되었습니다. 규제의 범위는 경고와 벌금부터 특정 국가의 ICO에 대한 전면적인 금지까지 다양합니다.

전반적으로, ICO 사고는 상당한 위험과 불확실성을 수반하므로 투자자가 ICO에 참여할 때 주의와 실사를 행사할 필요성을 강조하고 있습니다. 투자자는 ICO 프로젝트를 철저히 조사하고, 자금을 투입하기 전에 규제 환경을 고려해야 합니다.

2-3. 토큰 증권의 등장

블록체인 기술과 암호화폐의 발전에 따른 각종 이슈로 인해 규제 관련 조사가 증가함에 따라 토큰 증권이라는 새로운 유형의 디지털 자산이 등장했습니다. 토큰 증권은 주식, 채권 또는 부동산과 같은 전통적인 증권의 디지털 표현이며, 기존 증권 규제의 적용을 받습니다. 토큰 증권은 자산의 소유권을 블록체인의 디지털 토큰으로 변환하는 토큰화라는 프로세스를 통해 생성될 수 있습니다. 이러한 토큰은 보안 및 신뢰성 측면에서 장점을 가지며, 거래 및 소유권 이전을 간소화하고 금융 시장을 변혁시킬 수 있는 잠재력을 가지고 있습니다. 토큰 증권은 글로벌 금융 시장에서 주목받고 있으며, 규제와 법적 측면에서도 관심을 받고 있는 주제 중 하나입니다. 즉, 토큰 증권은 ICO를 통한 자금 조달의 문제점을 개선하고 투자자를 법적으로 보호하는 방법을 제공한다는 측면에서 기존 암호화폐와 차이가 명확합니다.

그림 2.

토큰 증권(Security Token)의 정의[5]

토큰 증권(Security Token)이란, ①분산원장 기술(Distributed Ledger Technology)을 활용해 ②자본시장법상 증권을 ③디지털화(Digitalization)한 것을 의미함

▼

분산원장 기술	자본시장법상 증권	디지털화
거래 원장을 다수의 참여자가 공유하면서 네트워크를 구축하는 기술을 의미함. 흔히 블록체인이라고 부르며, 누구나 노드로 참여할 수 있는 퍼블릭과, 허가된 참여자만 받는 프라이빗으로 나눔. 주로 프라이빗블록체인을 활용	[자본시장법상 증권의 종류] ① 지분증권 ② 채무증권 ③ 수익증권 ④ 파생결합증권 ⑤ 증권예탁증권 ⑥ 투자계약증권 　+비금전신탁수익증권	증권의 디지털화=전자증권 토큰 증권을 전자증권법상 효력*이 부여되는 전자증권으로 수용 (*권리 추정력 & 제3장 대항력) 미국의 경우 증권의 디지털화 방식을 법령에서 제한하지 않고 있음 (네거티브 규제 방식)

위 그림에서 보는 바와 같이 토큰 증권은 국내에서도 2023년 2월 제도권으로 편입됨을 금융 당국(금융위원회)이 발표하였고, 현재 제도화를 위

5　출처: 금융위원회 토큰 증권 발행 유통 규율 체계 정비방안(2023년 2월 발표)

해 상세 규제안을 마련 중이며 조만간 상세 시행안을 발표할 예정 중에 있습니다. 특히, 증권업계의 새로운 먹거리 시장으로 떠오르면서 주요 증권사들 위주로 토큰 증권 발행 유통 플랫폼 구축을 위해 박차를 가하고 있으며, 관련 플랫폼 개발에 부담을 느끼는 일부 증권사들은 코스콤(KOS-COM)과의 업무협약 등을 통해 시장 진출을 꾀하고 있는 실정입니다. 현재 증권사가 자체적으로 플랫폼을 개발하거나 다른 협력사들과 준비하는 경우 모두 초기 단계라고 보고 있습니다[6].

2-4. 토큰 증권 오퍼링 Security Token Offerings(STO)

ICO와 관련된 규제 관련 이슈를 해결하기 위해 토큰 증권 오퍼링(STO)이 블록체인 기반 프로젝트의 규정 준수 자금 조달 메커니즘으로 급부상하고 있습니다. STO는 ICO에 비해 높은 수준의 투자자 보호와 법적 준거성을 제공하는 증권 규제의 대상입니다.

다음 그림[3]은 예시적인 STO 프로세스 6단계와 함께 각 단계에서 토큰 증권 발급자가 취하는 특정 조치에 대한 세부 정보를 잘 보여주고 있습니다. 일반적으로 STO 프로세스 기간은 평균 약 24주 ~ 약 52주 소요되며, 각 단계별 세부 정보를 간략히 요약해 보면 다음과 같습니다.

1단계에서는 자본 조달 준비 단계로서 일반적으로 백서를 작성하고 기술 서비스 제공업체 선택 기준(블록체인 플랫폼 고려사항, 토큰 발행 서비스에 대한 평판 및 신분확인, 자금세탁방지 등)에 대한 입력사항을 제공할 담당을 고려합니다.

---

6 출처: https://news.mtn.co.kr/news-detail/20230901133302664530 기사 요약 발췌(2023년 10월 7일 검색)

2단계는 제품 설계를 돕기 위해 기업 재정 고문과 변호사를 임명하는 단계를 거칩니다.

그림 3.

예시적인 STO process[7]

1. Preparation (2–6 weeks)	2. Design of the offering (2–6 weeks)	3. Selection of technology (service providers) (4–8 weeks)	4. Selection of financial service providers (2–4 weeks)	5. Capital raising (10–20 weeks)	6. Listing of security on trading venue (4–8 weeks)
• Develop idea/ business case and put the team in place. • Appoint advisers. • Work on the whitepaper. • Define selection criteria for technologies and service providers. • Assess economic viability of the business opportunity. • Prepare first version of an investor deck. • Establish capital requirements. • Identify target investor base.	• Appoint corporate finance adviser to decide on topics such as type of security, its structuring (including investor rights), duration of offering, softcap use, and valuation. • Appoint suitable legal adviser to support with STO regulations, prospectus issuance, mandatory lockup periods, investor requirements, solicitation, and applicable exemptions. • Select an appropriate jurisdiction for incorporation and sale of the offering. • Assemble offering documentation (including term sheet).	• Select a blockchain platform. • Select technology service providers to create security token, to provide a front-end for prospective investors to go through a KYS/AML process, to deliver a token distribution mechanism, and a portal for investors to use wallets.	• Appoint broker for the sale of securities. • Partner with transfer agents to oversee issuance. • Appoint custodian for safekeeping. • Select payment providers to facilitate fiat payments related to the capital raising.	• Identify cornerstone investor(positive signalling). • Broker organizes meetings with investor network for pitching. • Share offering documentation for review with prospect investors. • Use other online and offline marketing activities(including press releases, Telegram and GitHub presences, listing of the STO on aggregator websites). • Investors sign the appropriate offering documentation. • Investors wire money to issuer and issuer confirms receipt. • After completion of the sale, tokens are distributes to investor wallets.	• Select suitable exchange(s). • Go through listing process. • Execute additional marketing activities announcing the listing of the token. • Appoint a market maker to provide liquidity. • Regularly report to the market about firm developments.

7   Lambert, T., Liebau, D., & Roosenboom, P. (2021). Security token offerings. *Small Business Economics*, 1–27.

3단계는 기술(서비스 제공업체) 결정이 내려집니다. 이러한 결정에는 블록체인 플랫폼 선택이 포함됩니다.

4단계는 브로커, 계좌이체 대리인, 보관기관, 결제 서비스 제공업체 등 금융 서비스 제공업체를 선택합니다.

5단계는 자본 조달 활동(마케팅 활동 포함)입니다.

마지막 6단계에서는 적합한 거래소에 증권을 상장하는 것입니다.

2-5. 토큰 증권의 특성 및 장점

토큰 증권은 실제 자산이나 금융 상품의 소유권 또는 권리를 디지털로 표현한 것입니다. 이러한 토큰은 블록체인 기술을 사용하여 발행, 거래 및 관리가 되고 있으며, 이는 전통적인 전자 증권과 비교하여 다양한 고유의 특성을 제공합니다. 토큰 증권의 특성 및 장점은 다음과 같습니다[8].

첫째, 디지털화입니다. 토큰 증권은 블록체인 기술을 활용하여 자산이나 금융상품을 디지털화하여 쉽게 발행, 이전 및 관리할 수 있는 디지털 토큰으로 전환합니다.

둘째, 분권화입니다. 토큰 증권은 분산형 네트워크에서 작동하며, 이는 단일 제어 지점이 없음을 의미합니다. 이를 통해 투명성과 신뢰성이 향상되며 은행 또는 금융 기관과 같은 중개자에 대한 의존도를 줄일 수 있습니다.

---

8 출처: https://link.springer.com/article/10.1007/s11187-021-00539-9#Sec2 기사 발췌 요약 (2023년 9월 2일)

셋째, **프로그래밍 가능성**입니다. 스마트 계약과 같은 프로그래밍 가능한 기능을 활용하여 토큰 증권에 조건부 로직을 추가할 수 있습니다. 이는 계약 조건을 코드로 직접 작성한 자체 실행 계약입니다. 스마트 계약은 소유권 이전, 배당금 지급, 규제 준수 시행과 같은 다양한 측면에서 자동화된 프로세스를 가능하게 합니다.

넷째, **부분 소유권**입니다. 토큰화를 통해 부분 소유권을 쉽게 구현할 수 있으므로 투자자들은 원하는 만큼만 자산의 지분을 구입할 수 있습니다. 이는 유동성 증가와 시장 참여 확대로 이어질 수 있습니다. 실제 자산을 토큰화하는 이유 중 하나가 비유동 자산을 유동 자산으로 수익화하는 새로운 방법을 제시하기도 합니다.

다섯째, **투명성**입니다. 토큰 증권에 분산 장부를 사용하면 거래 내역 및 소유권 기록을 공개적으로 접근하고 확인할 수 있으므로 투명성이 향상됩니다. 이는 시장 참가자들 간의 신뢰를 더 견고하게 할 수 있습니다.

여섯째, **거래 비용 절감**입니다. 토큰 증권은 중개인의 필요성을 최소화하고 스마트 계약을 통해 프로세스를 간소화함으로써 전통적인 전자 증권에 비해 투자자의 거래 비용을 최소화할 수 있습니다.

일곱째, **신속한 처리**입니다. 토큰 증권은 스마트 계약을 사용하여 거의 즉각적으로 거래를 청산하고 결제할 수 있으므로 기존 프로세스와 관련된 시간과 복잡성을 대폭적으로 줄일 수 있습니다.

여덟째, **향상된 보안**입니다. 블록체인 기술은 부정 행위나 시스템 장애로부터 보호할 수 있는 암호화 조치 및 합의 메커니즘과 같은 강력한 보안 기능을 제공합니다.

아홉째, 글로벌 접근성입니다. 토큰 증권은 분산형 플랫폼에서 거래될 수 있으므로 지리적 제약을 더 적게 받고, 글로벌 투자자의 시장 접근성을 높일 수 있습니다.

열 번째, 규정 준수 부문입니다. 토큰 증권은 기존 증권 규제의 적용을 받으며 규정을 준수함으로써 투자자 보호, 자금 세탁 방지와 같은 기본적으로 요구되는 규제 표준을 충족하도록 보장하고 있습니다.

이러한 특성으로 인해 토큰 증권은 전통적인 금융 상품 영역에서 블록체인 기술의 이점을 활용하고자 하는 발행인과 투자자에게 매력적인 상품이 되고 있습니다.

토큰 증권의 진화는 디지털 자산과 암호화폐의 초기부터 ICO의 부상, STO의 출현에 이르기까지 상당한 발전으로 점철되어 왔습니다. 전통적인 증권과 기타 디지털 자산에 비해 토큰 증권은 유동성 증가, 비용 효율성, 글로벌 접근성, 프로그램 가능성과 같은 여러 이점들을 제공하고 있습니다. 반면, 토큰 증권에 대한 규제 환경은 각 국가와 지역별로 다양한 형태로 여전히 복잡하며 투자자 보호 시장 무결성을 보장하기 위해 지속적으로 진화하고 있습니다. 토큰 증권 시장이 지속적으로 성장함에 따라 규제 기관, 업계 참가자 및 투자자 등 이해관계자가 이 분야의 빠른 발전에 대응하기 위해 서로 소통하고 협업하는 자세가 절실히 필요한 때입니다.

2-6. 전통적인 전자증권과 토큰 증권의 비교

전통적인 전자증권과 토큰 증권의 본질적인 차이는 자산의 성격, 발행 및 관리, 거래 메커니즘, 청산 결제 프로세스, 소유권 검증, 접근성 등 주요 측면으로 확인해 볼 수 있는데, 먼저 전통적인 전자 증권과 새로운 토큰 증권의 주요 차이점을 비교 정리해 보면 다음 표[1]과 같습니다.

표1 전통적인 전자 증권과 토큰 증권의 비교[9]

	전자 증권	토큰 증권
본질	전통적인 증권의 디지털화	블록체인 기반 자산 디지털화
발행	중앙집중형 기관(은행, 증권사 등) 발행 및 관리	블록체인 기술을 이용하여 발행 및 관리
거래	집중화된 거래소와 플랫폼에서 거래	분산화된 거래소 또는 플랫폼에서 거래
청산 결제	중개인 참여 (청산소, 예탁원 등)	스마트 계약을 이용한 peer-to-peer 청산 결제
소유권 검증	신뢰할 수 있는 당사자에 의해 유지되는 중앙 집중식 원장	합의 메커니즘을 통해 유지되는 분산형 원장
소유권 이전	수동 개입과 중개자 요구	스마트 계약을 통한 자동화
부분 소유권	제한적이거나 실현 불가능한 경우	토큰화를 통해 쉽게 활성화
글로벌 접근성	중앙 집중식 시스템과 플랫폼의 한계에 영향	분산된 거래 플랫폼을 통해 시장 접근 용이
투명성	정보와 거래 내역에 대한 제한된 접근	공개적으로 접근 가능한 분산 원장을 통한 투명성 향상
비용	중개인으로 인한 거래 비용 증가	중개인 의존도 감소로 거래 비용 감소
보안	중앙 집중식 시스템 장애와 사이버 공격의 위험에 노출	분산형 네트워크 및 암호화 조치를 통한 강화된 보안

---

9 출처: https://www.law.go.kr/법령/전자증권법, 및 https://terms.naver.com/entry.naver?docId =6625207&cid=43667&categoryId=43667 기사 발췌 및 요약(2023년 9월 16일 검색)

규제	전자증권법	전자증권법
유동성	규제된 거래소 내에서의 대체적인 높은 유동성	초기 시장과 인기 자산에 따라 차별적인 유동성 예상(상대적으로 전자증권보다는 높은 유동성 예상)
상호 운용성	서로 다른 플랫폼으로 상호 운용성 어려움	표준화된 개방형 프로토콜 기반으로 상호 운용성 가능

좀 더 상세히 분석해 보면, 먼저 본질 부분으로써, 전자 증권은 주식, 채권, 기타 증권과 같은 전통적인 금융 상품의 단순 디지털 표현에 불과합니다. 반면, 토큰 증권은 블록체인 상에서 발행, 거래, 관리되는 디지털화된 자산으로 실제 자산이나 금융상품에 대한 소유권과 권리를 나타내고 있습니다.

둘째, 발행과 관리 부분으로써, 전자 증권은 일반적으로 증권 보관 기관(한국예탁결제원 등) 또는 기타 금융 기관과 같은 중앙 집중화된 기관에 의해 발행되고 관리되고 있습니다. 이와는 다르게 토큰 증권은 분산원장 기술인 블록체인 기술을 활용하여 금융 상품의 발행과 관리에 대해 분산형 접근 방식을 제공하고 있습니다.

셋째, 거래 메커니즘 측면입니다. 전자 증권은 일반적으로 금융 기관 또는 규제 기관이 관리하는 중앙 집중식 거래소와 플랫폼에서 거래되고 있습니다. 반면, 토큰 증권은 중개인 없이 피어 투 피어(Peer to Peer) 거래를 허용하는 분산형 거래소와 플랫폼에서 거래되고 있습니다.

넷째, 청산 결제 측면입니다. 전자 증권의 청산 결제 과정에는 대부분 청산소와 같은 중개인이 개입되어 추가 비용과 지연 사항이 발생할 수 있습니다. 반면 토큰 증권은 스마트 계약을 이용한 피어 투 피어(Peer to Peer)

청산 결제가 가능해 비용을 절감하고 결제 속도를 향상시킬 수 있습니다.

다섯째, 소유권 확인 부분입니다. 전자 증권의 소유권은 일반적으로 증권 보관 기관, 은행이나 다른 금융 기관과 같이 신뢰할 수 있는 기관이 관리하는 중앙 집중식 장부를 통해 확인할 수 있습니다. 이와는 대조적으로 토큰 증권은 합의 메커니즘을 통해 유지되는 분산형 원장을 활용하여 투명성을 높이고 중앙 집중화된 기관에 대한 의존도를 낮출 수 있습니다.

여섯째, 소유권 이전 측면입니다. 전자 증권에 대한 소유권 이전은 일반적으로 중개인의 개입이 필요하며, 이는 비효율과 지연을 초래할 수 있습니다. 그러나 토큰 증권은 스마트 계약을 사용하여 소유권을 자동으로 거의 즉각적으로 이전할 수 있는 장점이 있습니다.

일곱째, 부분 소유 측면입니다. 전자 증권으로도 부분 소유가 가능하지만, 경우에 따라 제한되거나 실현 불가능할 수 있습니다. 토큰 증권을 사용하면 기본적으로 부분 소유권을 쉽게 구현할 수 있으므로 투자자들은 손쉽게 투자 자산의 소액 지분을 구매할 수 있습니다.

여덟째, 글로벌 접근성 측면입니다. 전자 증권은 중앙 집중식 시스템과 플랫폼의 제한을 받으며, 이는 일부 투자자의 시장 접근을 제한할 수 있습니다. 분산형 플랫폼에서 거래되는 토큰 증권은 글로벌 접근 가능성을 높여 금융 시장에 대한 폭넓은 참여를 가능하게 할 수 있습니다.

아홉째, 투명성 부분입니다. 전자 증권은 일반적으로 투자자와 기타 시장 참가자에게 정보 및 거래 내역에 대한 제한된 접근을 허용합니다. 반면, 토큰 증권은 공개적으로 접근할 수 있는 분산 장부를 통해 투명성과 신뢰성을 강조하고 있습니다.

열 번째, 비용 측면입니다. 전자 증권과 관련된 거래 비용은 중개인의 개입으로 인해 관련된 추가적인 비용이 들지만, 토큰 증권은 중개인에 대한 의존도를 줄여 투자자의 거래 비용을 낮추는 효과를 낳습니다.

열한 번째, 보안 측면입니다. 전자 증권은 시스템의 무결성을 손상시킬 수 있는 중앙 집중식 시스템 장애, 사이버 공격 또는 부정 행위의 위험에 노출이 상대적으로 쉬운 편입니다. 반면, 분산된 네트워크와 암호화 조치를 기반으로 구축된 토큰 증권은 위험을 분산시키고 악의적인 행위자가 시스템을 손상시키는 것을 더 어렵게 함으로써 강화된 보안 체계를 제공하고 있습니다.

열두 번째, 규제 부분입니다. 전자 증권과 토큰 증권 모두 증권법, 자금세탁방지(AML) 규정, 세금 준수 등의 규제 사항들이 적용됩니다. 그러나 토큰 증권은 분산된 특성으로 인해 추가적인 컴플라이언스 조치가 필요할 수 있으며, 이는 규제 기관과 법 집행 기관이 거래를 추적하고 모니터링하는 데 어려움을 줄 수 있습니다. 일부 블록체인 플랫폼은 토큰 증권이 규제 사항들을 준수하고 이를 보장하기 위해 컴플라이언스 도구를 통합하기도 합니다.

열세 번째, 유동성 측면입니다. 전자 증권은 규제가 적용된 중앙 집중화 거래소에서 거래되므로 어느 정도 유동성을 제공할 수 있습니다. 토큰 증권은 상대적으로 새롭고 분산된 플랫폼에서 거래되기 때문에 시장 초기 단계에서는 유동성 문제에 직면할 수 있습니다. 하지만 토큰 증권 시장이 성숙함에 따라 유동성이 개선될 것으로 예상되며, 특히 이전에 유동성이 부족하거나 접근하기 어려웠던 자산들에 대해서는 획기적인 자산 유동성을 제공할 수 있습니다.

열네 번째, 상호 운용성 측면입니다. 전자 증권 시스템은 서로 다른 플랫폼과 시스템이 서로 쉽게 통신하거나 상호 작용할 수 없기 때문에 상호 운용성 문제를 내재하고 있습니다. 반면, 표준화된 개방형 블록체인 프로토콜을 기반으로 구축된 토큰 증권은 상호 운용성을 개선하여 서로 다른 플랫폼, 시스템 및 자산 간의 원활한 상호 작용을 가능하게 할 수 있습니다.

결론적으로 토큰 증권은 분산화, 투명성, 비용 효율성 및 접근성과 같은 다양한 측면에서 전자 증권에 비해 상당한 이점을 제공할 수 있습니다. 토큰 증권 시장이 계속 진화함에 따라 블록체인 기술의 이점을 활용하는 것과 관련 위험과 과제를 해결하는 것 사이에서 균형을 맞추는 것이 필수적입니다. 참고로 위에서 언급된 전자 증권과 토큰 증권의 차이는 일반적인 비교를 나타낸 것이고, 이러한 구체적인 특성의 차이는 각 국가별 규제와 법적인 사안에 따라서 달라질 수 있습니다.

3 토큰 증권에 대한 글로벌 규제

암호 화폐와 토큰 증권을 포함한 블록체인 기반 기술의 인기와 채택이 증가함에 따라 투자자를 보호하고 시장 무결성을 보장하기 위한 규제 조사가 강화되고 있습니다. 국제적으로 자본시장 감독기관들 간의 협력과 정보 공유를 촉진하는 비정부 기구인 국제증권관리위원회(International Organization of Securities Commissions, IOSCO)가 밝힌 증권 규제의 3가지 목적은 투자자 보호, 공정하고 효율적이며 투명한 시장의 보장, 시스템 위험의 감소입니다. 국내의 자본시장법 제1조(목적)에서는 '이 법은 자본시장에서의 금융혁신과 공정한 경쟁을 촉진하고 투자자를 보호하며 금융투자업을 건전하게 육성함으로써 자본시장의 공정성·신뢰성 및 효율성을 높여 국민경제의 발전에 이바지함을 목적으로 한다.'라고 명시되어 있습니다. 이렇듯 전 세계 규제 기관들은 혁신 촉진, 투자자 보호 및 금융 시스템의 무결성 보장 사이에서 균형을 맞추기 위해 다각적으로 노력하고 있습니다. 이 섹션은 블록체인 기반 혁신과 관련된 규제 및 법적 프레임워크의 다양한 측면을 자세히 살펴보도록 하겠습니다.

3-1. 관할구역의 차이(Jurisdictional differences)

토큰 증권에 대한 규제 접근 방식은 관할 지역에 따라 다른 양상을 띠고 있습니다. 스위스, 몰타와 같은 일부 국가는 블록체인 혁신에 적극적으로 지원적인 입장을 취하여 기술 개발과 사용을 장려하는 규제 샌드박스와 법적 프레임워크를 만들었습니다. 이와는 대조적으로, 중국 등 일부 국가들은 엄격한 규제를 가하고 심지어는 초기 코인 제공(ICO)과 같은 특정 블록체인 기반 활동에 대한 전면적인 금지까지 시행하고 있습니다. 국내에서는 금융규제혁신회의에서 투자계약증권·수익증권의 장외 유통플랫폼 제도화 논의를 거쳐 금융당국(금융위원회)에서 2023년 2월 토큰 증권 가이드라인 발표를 통해 '토큰 증권 발행유통 규율체계 정비 방안'을 제시했습니다. 이는 디지털자산의 증권 여부 판단원칙을 제시함과 더불어 토큰 증권은 자본시장법상 증권법에 해당하는 투자계약증권에 포함시키는 금융 시장에 의미 있는 진일보한 금융 혁신을 이루어냈다는 평가를 받고 있습니다.

3-2. 증권 규정(Securities regulation)

토큰 증권은 등록 요구사항, 공개 의무, 거래와 보관을 관리하는 규정을 포함할 수 있는 기존 증권 규정에 해당하는 경우가 많습니다(Kaal & Dell'Erba, 2019). 예를 들어, 미국 증권거래위원회(SEC)는 디지털 자산에 대한 증권법 적용에 대한 지침을 제공하면서 토큰이 증권인지 여부는 하위 테스트 Howey Test[10]에서 설명한 구체적인 사실과 상황에 따라 결정된다

---

10 미국 대법원 판례 SEC vs W.J. Howey Co.(1946년)
Howey Co.는 감귤류 농장을 분할매각하면서 매수자들이 관리회사에게 농장을 리스백해서 운영을 위탁하고 농장 운영에 따른 수익을 배분받기로 하는 계약 체결. 연방대법원은 증권법상 증권에 해당할 수 있는 '투자계약' 해당여부는 형식보다는 경제적 실체를 중시하여야 한다고 전제하고, 다음 4가지 요건을 충족하면 투자계약에 해당한다고 판시. ① 자금의 투자(investment of money), ② 공동사업(common enterprise), ③ 타인의 노력(efforts of promotor or a third party), ④ 이익에 대한 기대(expectation of profits)

고 명시하고 있습니다. 마찬가지로 유럽연합에서는 유럽증권시장감독청 European Securities and Markets Authority(ESMA)이 암호화폐자산에 대한 유럽 금융규제 프레임워크의 적용 가능성에 대한 조언을 발표하면서 금융상품으로서의 토큰 분류가 그 특성과 경제적 기능에 따라 달라진다고 강조하고 있습니다.

3-3. 자금세탁방지(AML) 및 테러자금조달금지(CTF) 규정

블록체인 기술은 탈중앙화 특성과 가명 거래로 인해 자금세탁 및 테러자금조달 가능성에 대한 우려를 제기하곤 했습니다. 규제 당국은 이러한 문제를 해결하기 위해 AML(Anti-Money Laundering) 및 CFT(Combating the Financing of Terrorism) 규정을 만들어 암호화폐 거래소와 기타 디지털 자산 서비스 제공업체가 신분 확인(Know Your Customer, KYC) 절차를 구현하고 거래를 모니터링하며 의심스러운 활동을 보고하도록 요구하고 있습니다. 토큰 증권을 포함한 블록체인 기반 혁신은 많은 국가에서 AML 및 CTF 규정을 따르고 있습니다. 예를 들어, 자금 세탁과 테러 자금 조달을 방지하기 위한 정책을 개발하는 정부 간 조직인 국제자금세탁방지기구(Financial Action Task Force, FATF)[11]는 가상 자산 서비스 제공업체(Virtual Asset Service Provider, VASP)에 신분 확인(KYC), 기록 보관, 그리고 고객 관리를 포함한 AML/CTF 규정의 적용을 받을 것을 권고하는 지침까지 발표(FATF, 2019)할 정도로 주요 관심의 대상이 되는 분야이기도 합니다.

---

11 1989년 OECD 산하기구로 자금세탁방지를 위한 불법자금 모니터링 및 국제 간 협력체제 지원을 위해 국제기구로 설립.

3-4. 과세(Taxation)

토큰 증권과 같은 블록체인 기반 자산의 과세는 국가 및 지역에 따라 다를 수 있습니다. 전 세계 세무 당국은 암호화폐, 토큰 증권 및 기타 디지털 자산의 과세 지침을 개발하고 있습니다. 여기에는 자본 이득, 소득 또는 부가가치세(VAT)와 같은 다양한 유형의 거래에 대한 적절한 세금 처리를 결정하는 것이 포함되어 있습니다. 다시 말해 토큰 증권과 관련된 과세 규정은 해당 국가의 법률과 규정에 의해 결정되고 있습니다. 예를 들면, 미국은 투자 목적으로 보유한 암호화폐나 토큰은 자본 자산으로 간주됩니다. 따라서 판매 시 자본 이득세가 부과되며, 상품이나 서비스의 대가로 받게 되면 이것은 보통의 소득으로 간주될 수 있다(Internal Revenue Service, IRS)[12]고 명시하고 있습니다. 특히, 글로벌 거래에 따른 디지털 자산을 취급하는 납세자와 기업은 해당 관할 구역의 세금 규정을 잘 이해하고 준수해야 함은 필수적인 요건으로 인식되고 있습니다.

요약하자면, 블록체인 기술과 토큰 증권을 둘러싼 규제 및 법적 프레임워크는 다면적이며, 전 세계의 규제 기관과 정책 입안자들이 디지털 자산이 제기하는 고유한 문제를 해결하면서 계속 진화하고 있습니다. 관할권(국가 및 지역별) 차이, 증권 규정, 자금세탁방지와 대테러 자금조달금지, 세금 문제는 모두 규제 환경의 복잡성을 야기하고 있습니다. 분산원장 기술인 블록체인이 점점 성숙하고 세계 경제에 더 통합됨에 따라 규제 기관, 기업과 투자자들은 변화하는 규제 환경에 대한 정보를 유지하고 적응

---

12 출처: https://www.irs.gov/ 미국 내부수입청(IRS) 웹사이트 참고(2023년 9월 15일 검색)

하는 것이 필수적입니다.

　　다른 한편으로는 블록체인 기술의 분산 원장 사용과 불변성은 특히 유럽 연합(EU)의 개인정보보호 규정(General Data Protection Regulation, GDPR)[13] 과 같은 규정에 비추어 데이터 프라이버시 및 보호에 대한 우려를 제기하기도 했습니다. 규제 기관과 정책 입안자들은 블록체인 기술의 이점과 개인의 사생활 및 개인 데이터를 보호해야 할 필요성 사이의 균형을 맞추기 위해 고군분투해야 할 것입니다. 또 다른 면으로 디지털 통화가 인기를 얻으면서 전 세계 중앙은행은 중앙은행 디지털 통화(Central Bank Digital Currency, CBDC)[14]로 알려진 디지털 통화의 개발과 발행을 모색하고 있습니다. 국내의 경우 한국은행은 중앙은행 디지털화폐(CBDC)의 개발에 성공적으로 나아가고 있습니다. 한국은행은 2021년 8월부터 10개월 동안 2단계로 나눠 CBDC 모의 실험 연구사업을 진행하였습니다. 또한 한국은행은 CBDC를 가상자산이 아닌 법정화폐로 인정하는 연구 결과를 발표하였으며, CBDC가 현금과의 교환이 가능하다고 판단하였습니다. 이러한 디지털 통화는 잠재적으로 금융 환경을 재구성할 수 있으며 고유한 특성과 위험을 해결하기 위해 새로운 규제 프레임워크가 필요할 것입니다.

13　2018년 5월 25일부터 시행된 유럽연합 개인정보보호 규정으로서 개인정보 보호를 강화하고 개인 데이터의 수집, 저장, 처리 및 공유에 대한 규정을 제공합니다.

14　CBDC는 국가 계정 단위로 표시되고 중앙 은행의 책임을 나타내는 중앙 은행 발행 디지털 화폐입니다.

III

토큰 증권의
개념적 구조

토큰 증권의 개념적 구조

　토큰 증권의 고유한 특성과 산업의 초기 단계를 고려할 때, 이 금융상품의 쉬운 이해와 접근성의 용이를 위해 새로운 토큰 증권의 개념적 구조를 정립할 필요가 있습니다. 토큰 증권과 관련된 기존 이론인 분산형 신뢰 이론(The Decentalized Trust Theory)[1], 토큰화 가치 교환 이론(The Tokennized Value Exchange Theory)[2], 토큰 경제의 네트워크 효과 이론(The Network Effect Theory in Token Economy)[3] 등은 기본적인 이해를 제공합니다. 하지만 토큰

1　블록체인 기술과 관련된 분산 신뢰 이론은 중앙 기관 없이도 네트워크 당사자 간에 신뢰가 구축될 수 있다고 가정합니다. 전통적인 시스템에서 신뢰는 일반적으로 은행이나 정부와 같은 중앙 집중식 기관에 의해 조정됩니다. 그러나 분산 신뢰 모델에서는 블록체인 네트워크에 내재된 합의 메커니즘과 암호화 기술을 통해 신뢰가 달성됩니다. 즉, 네트워크의 여러 노드에서 거래를 투명하고 안전하게 확인하고 기록할 수 있으므로 중개자가 필요 없으며 사기나 조작의 위험이 줄어듭니다. 분산 신뢰 이론은 분산 시스템이 효과적이고 안전하게 작동할 수 있게 하여 중앙 집중식 대안에 비해 더 높은 투명성, 탄력성 및 포괄성을 제공합니다.

2　토큰화 가치 교환 이론은 블록체인 기술에 뿌리를 둔 개념으로, 실제 자산이나 권리를 블록체인 네트워크에서 디지털 토큰으로 변환하는 과정을 말합니다. 이러한 토큰은 기본 자산 또는 권리에 대한 소유권 또는 자격을 나타내며 블록체인에서 거래되거나 교환될 수 있습니다. 이론은 부동산, 예술품, 증권과 같은 자산을 토큰화함으로써 그 가치가 보다 효율적이고 투명하게 교환될 수 있으며 유동성, 접근성 및 소유권 민주화를 위한 새로운 기회가 열릴 수 있다고 제안합니다. 토큰화 가치 교환 이론은 P2P 거래를 가능하게 하고, 거래 비용을 줄이며, 시장 효율성과 포괄성을 강화함으로써 전통적인 금융 시스템에 혁명을 일으킬 수 있는 블록체인 기반 토큰화의 잠재력을 강조합니다.

3　토큰 경제의 네트워크 효과 이론은 네트워크 규모나 사용자 기반이 커짐에 따라 토큰이나 암호화폐의 가치가 증가한다고 가정합니다. 본질적으로 토큰 생태계에 참여하는 개인이나 단체가 많을수록 토큰의 가치와 유용성은 더욱 높아집니다. 이는 더 큰 네트워크가 유동성을 향상시키고, 거래를 촉진하며, 토큰의 유용성

증권만의 특성을 고려한 쉬운 이해와 접근 용이성을 완전히 포함하지는 않습니다.

전통적인 금융 이론은 대부분 신뢰를 집행하는 중앙 집중화된 기관(예: 은행 또는 공적 및 규제 기관)의 존재를 가정합니다. 반면, 토큰 증권 기반인 블록체인 기술은 탈중앙화된 분산형 신뢰의 원칙으로 운영됩니다. 여기서 제시하는 토큰 증권의 개념적 구조는 분산된 네트워크에서 신뢰가 어떻게 설정되고 유지되는지, 그리고 이러한 신뢰가 금융 거래와 시장 역학에서 어떻게 영향을 미치는지 쉽게 이해할 수 있도록 도움을 줄 것입니다. 또한 가치 교환 이론적 측면에서 토큰 증권은 자산 소유 및 이전의 새로운 형태를 나타냅니다. 전통적인 자산 평가 이론은 이러한 디지털 자산에 완전히 적용되지 않을 수 있습니다. 새로운 토큰 증권의 개념적 구조는 자산의 가치가 토큰 형태로 생성, 표현 및 전달되는 방법과 이러한 토큰이 정확하게 평가될 수 있도록 도움을 줄 수 있을 것입니다.

일반적으로 네트워크 효과 측면은 플랫폼 비즈니스의 맥락에서 고려되지만, 그 개념은 토큰 경제로 확장될 수 있습니다. 토큰 거래에 참여하는 참가자가 많아질수록 네트워크의 가치는 기하급수적으로 증가할 수 있고, 토큰 경제의 네트워크 효과에 초점을 맞춘 개념적 배경은 이 새로운 맥락에서 시장 역학과 가치 평가를 이해하는 데 도움이 될 수 있을 것입니다.

이 각각의 새로운 사용자 또는 참가자와 함께 기하급수적으로 증가하는 네트워크 효과를 촉진하기 때문입니다. 더 많은 사람들이 결제, 투자 또는 분산 애플리케이션(DApp) 액세스와 같은 다양한 목적으로 토큰을 채택하고 사용함에 따라 네트워크 효과가 강화되어 채택이 늘어나고 전반적인 가치가 높아집니다. 따라서 네트워크 효과 이론은 디지털 경제에서 토큰의 성공과 가치 평가를 촉진하는 데 있어 네트워크 성장과 사용자 참여의 중요성을 강조합니다.

1 전통적인 증권의 문제점

주로 주식, 채권, 상품으로 구성된 전통적인 증권 부문은 현대 경제 시스템의 핵심입니다. 그러나 높은 비용 구조, 정보 비대칭 및 접근 제약과 같은 본질적인 한계로 인해 시간이 거듭될수록 이 부문에 어려움을 겪고 있는 것 또한 사실입니다. 다음의 그림에서 보여주고 있는 것이 전통적인 증권의 한계와 해결요소를 간략히 표현한 것입니다.

그림 4.

전통적인 증권의 한계와 해결 요소

전통적인 증권의 한계

- **高 운영 비용**
  중개인 및 (거래, 청산, 결제)
  운영프로세스 비용

- **규제비용**
  규정준수(감사/보고) 비용

- **유동성 제약**
  락업 기간/거래시간 제한

- **접근/참여의 진입장벽**
  최소투자금액/인증요건

- **정보비대칭성**
  거래정보에 대한 불투명성

**전통적인 증권의 한계
해결요소**

- **Efficiency**
  증권발행 및 거래 관련 프로세스 자동화

- **Lower Costs**
  중개인 제거 등 거래비용 최소화

- **Increases Liquidity**
  토큰화, 부분소유권 및 24/7시장 등

- **Transparency**
  거래 감사와 자산 소유권 추적가능

- **Global Accessibility**
  광범위한 투자자의 시장 접근성 향상

- **Resolving Information Asymmetry**
  실시간 거래 정보공개 및 공유

1-1. 고비용 구조

전통적인 증권은 브로커, 인수자, 청산소 등 증권 시장의 복잡한 중개자 네트워크로 인해 높은 거래 비용이 발생합니다. 여러 중개자가 포함된 발행부터 유통까지 거래 과정의 복잡한 프로세스로 인해 각 단계에는 추가 수수료 등 비용이 증가하고 결제처리에 상당한 시간이 소요됩니다. 이러한 각종 비용적인 요소는 투자자에게 고스란히 이전되어 최적의 수익 가능성을 제한하기도 합니다.

이러한 고비용 구조를 해결하는 요소로 거시적인 맥락에서 접근해 보면, 우선적으로 생각해 볼 수 있는 것은 각종 **프로세스의 자동화**입니다. 거래, 청산, 결제의 다양한 단계를 자동화하면 수동적인 오버헤드를 크게 줄일 수 있습니다. 이러한 상태에 더해 **표준화된 프로세스**가 도입되어 운영된다면 한층 더 확실한 효과를 얻게 될 것입니다. 이는 통일된 절차와 프로토콜이 규모의 경제를 가져오고 거래당 비용을 낮출 수 있다는 것을 확실히 보여 줄 것입니다. 또한 거래 비용을 낮추는 방법 중 하나로 직접 P2P 거래의 방식을 갖는다면 일부 중개인을 제거하게 되어 비용 절감 효과를 확실히 볼 수 있을 것입니다. 물론 그에 따른 보완책이 뒤따라야 실현 가능할 것입니다.

1-2. 정보 비대칭

정보의 비대칭은 한 당사자가 다른 당사자에 비해 우수한 정보를 갖고 있을 때 발생합니다. 다시 말해, 전통적인 증권 시장에서 정보 비대칭은 한쪽이 다른 쪽보다 더 많거나 더 나은 정보를 갖고 있을 때 자주 발생합니다. 전통적인 증권에서 이러한 비대칭성은 부적절한 자산 평가와 시장 조작 등 투자자 불신으로 나타나는 시장 비효율성을 초래할 수 있습니다.

이러한 정보 비대칭성을 해결하기 위한 요소로 **투명한 보고**가 우선적으로 적용되어야 할 것입니다. 증권 또는 발행자에 대한 모든 관련 정보를 공개적으로 액세스하고 정기적으로 업데이트하도록 보장되어야 합니다. 여기에 모든 시장 참여자가 동시에 최신 정보를 이용할 수 있도록 실시간 데이터 가용성이 확보되어야 합니다. 또한 여러 당사자가 정보의 유효성을 검증하고 확인하는 **분산형 검증** 시스템을 사용하도록 해야 합니다.

1-3. 낮은 유동성 및 접근 제약

낮은 유동성은 가격에 큰 변동을 일으키지 않으면서 증권을 신속하게 구매하거나 판매하는 것이 어렵다는 것을 의미합니다. 이는 사모 펀드 시장, 소규모 증권 거래소 또는 비전통적인 자산 거래에서 흔히 발생합니다. 높은 투자 기준치, 복잡한 인증 프로세스 또는 규제 장벽으로 인해 접근 제약이 발생할 수 있으며, 이 모두가 잠재적 투자자로 하여금 투자 시장으로의 접근을 어렵게 하여 투자거래를 단념시킬 수 있습니다. 요컨대, 많은 전통적인 증권, 특히 주요 거래소에 상장되지 않은 증권은 낮은 유동성으로 인해 어려움을 겪고 있습니다. 더욱이, 높은 진입 장벽은 시장 참여를 제한하여 증권 시장에 대한 접근과 기회의 불평등을 초래합니다.

이러한 낮은 유동성 및 접근 제약을 해결하기 위한 요소로 먼저 생각할 수 있는 것은 자산을 더 작고 거래 가능한 단위로 나눌 수 있는 **부분 소유권**을 도입하는 것입니다. 이는 더 많은 사람들에게 소유의 기회를 가져다줄 것이며, 판매를 더 수월하게 할 수 있는 장점이 존재합니다. 다른 한 편으로는 증권이 전 세계적으로 거래될 수 있는 플랫폼을 만들어 투자자 기반을 확대하는 글로벌 시장 접근이 용이한 시스템을 구축하는 것입니다. 여기에 더해 간소한 인증, 즉 투자자 확인 및 온보딩 onboarding 프로세 스를 단순화하고 과도한 장벽을 제거해야 합니다.

결론적으로 이러한 전통적인 증권의 한계에 대한 해결 요소가 앞서 설 명한 토큰 증권의 특성과 연계되어 나타나고 있음을 다음 그림에서 잘 보 여주고 있습니다.

그림 5.

전통적인 증권의 한계 해결 요소와 토큰 증권

전통적인 증권의 한계 해결 요소

- Efficiency
  증권발행 및 거래 관련 프로세스 자동화

- Lower Costs
  중개인 제거 등 거래비용 최소화

- Increases Liquidity
  토큰화, 부분소유권 및 24/7시장 등

- Transparency
  거래 감사와 자산 소유권 추적가능

- Global Accessibility
  광범위한 투자자의 시장 접근성 향상

- Resolving Information Asymmetry
  실시간 거래 정보공개 및 공유

증권형 토큰의 특성

- 디지털화(토큰화)
  물리적 취급 및 보관의 불필요성

- 탈중앙화(분산형 N/W)
  중개인 의존도 탈피 및 거래비용 절감,
  결제시간 단축

- 자동화(스마트계약)
  발행 및 규정준수에 대한 비용 절감

- 투명성(분산원장 기록)
  블록체인 사용으로 모든 거래가
  투명하고 변경 불가능한 원장에 기록

- 분할화(조각 투자)
  자산의 부분소유권, 유동성 및
  잠재적 가치 상승

토큰캐피털리즘

2 디지털 혁신이 토큰 증권에 미치는 영향

디지털 트렌스포메이션 Digital Transformation의 출현은 앞서 언급된 전통적인 증권의 한계를 해결할 수 있는 솔루션을 획득할 수 있으며, 증권 시장의 효율성, 투명성 및 포괄성을 향상시킬 수 있는 기회를 제공합니다. 디지털 트렌스포메이션은 현대 기업에 있어 중요한 주제 중 하나입니다. 이것은 단순히 기술 도입이나 현대화에 그치지 않고, 비즈니스 전반에 걸쳐 기술의 역할을 근본적으로 향상하고자 하는 조직에서 다루는 주제입니다.

다시 말해, 디지털 트렌스포메이션은 기술적인 측면뿐만 아니라 비즈니스 프로세스와 문화를 혁신하려는 지속적인 프로세스로 인식되고 있습니다. 디지털 트렌스포메이션은 IT뿐만 아니라 다양한 비즈니스 영역에서 발생하며, 이것은 디지털 디스럽션(Digital disruption)의 지속적인 발생을 포함하고 있습니다. 이것은 새로운 기술, 프로세스, 기술 플랫폼을 포함하는 것으로 이해할 수 있으며, 클라우드 도입과 관련된 맥락에서도 사용될 수 있습니다.

2-1. 디지털 트렌스포메이션과 토큰 증권

디지털 트렌스포메이션은 비즈니스의 미래를 준비하는 핵심 요소 중 하나이며, 모바일, 클라우드, 인공지능(AI)과 같은 디지털 기술의 확산과 관련하여 기업 생존과 성장을 위한 핵심 과제로 간주됩니다. 이것은 고객과 시장의 변화에 대응하고 새로운 비즈니스 모델과 제품을 창출하기 위해 디지털 역량을 활용하는 지속적인 프로세스입니다. 디지털 트렌스포메이션의 주요 특성 3가지는 표준화(Standardization), 모듈화(Modularization), 디지털화(Digitization)입니다(김용진, 2020). 이 대표적인 특성의 주요 내용과 앞서 서술한 토큰 증권 특성과의 연계성을 살펴보면 다음과 같습니다.

첫 번째, **표준화**(Standardization)입니다. 디지털 트렌스포메이션은 표준화를 통해 효율성을 높이고 상호 운용성을 개선합니다. 표준화는 다양한 기술과 데이터 포맷을 통합하고, 보안 및 규정 준수를 강화하며, 새로운 기술 도입을 용이하게 합니다. 토큰 증권은 광범위한 디지털 혁신의 일환으로 증권 거래 및 발행에 대한 표준화된 접근 방식으로 도입을 추구하고 있습니다. 즉, 다양한 프로세스나 플랫폼에 걸쳐 통일된 규칙과 구조로 구현합니다. 디지털 트렌스포메이션의 주요 특징인 표준화와의 연계성을 고려한 토큰 증권의 특성은 다음과 같습니다. 먼저, **스마트 계약**(Smart Contract)입니다. 블록체인 플랫폼에서 계약을 실행, 시행 및 확인하기 위한 표준화된 방법을 제공합니다. 다음으로 **상호 운용성**입니다. 토큰 증권은 다양한 블록체인 플랫폼과 시스템에서 작동하도록 설계되어 표준 관행을 가져올 수 있습니다. 마지막으로 **자동화된 규정 준수**입니다. 통일된 프로세스를 통해 규정 준수 점검이 일관되게 준수되도록 보장합니다.

표준화에는 통일된 구조와 프로세스를 만드는 것이 포함되며, 이는 전통적인 증권 시장에 널리 퍼져 있는 고비용 구조를 해결할 수 있습니다. 즉, 프로세스를 표준화하고 중개자에 대한 의존도를 줄임으로써 거래 비용을 크게 줄일 수 있습니다.

두 번째, **모듈화**(Modularization)입니다. 디지털 트렌스포메이션에서 모듈화는 시스템 및 솔루션을 작은 모듈로 분해하여 관리와 유지보수를 간편하게 만드는 과정을 나타냅니다. 모듈화는 조직이 빠르게 변화하고 새로운 기술을 통합하는 데 많은 도움을 줍니다. 토큰 증권은 디지털 플랫폼의 모듈식 특성을 활용하여 필요에 따라 다양한 구성 요소나 기능을 분리하고 재결합할 수 있습니다. 즉, 시스템을 상호 교환 가능하고 재구성 가능한 구성 요소 또는 모듈로 분해할 수 있습니다. 디지털 트렌스포메이션의 주요 요소인 모듈화와의 연관성 측면에서 토큰 증권 특성을 보면, 우선 **토큰화**를 들 수 있습니다. 자산을 분할하여 전체가 아닌 부분적으로 모듈화하고 거래 가능하게 할 수 있습니다. 또한 **분산화**는 블록체인의 분산형 특성으로 인해 다양한 노드가 독립적으로 작동하고 검증되어 더 큰 생태계의 모듈식 단위로 작동할 수 있습니다. 또 다른 측면으로 **프로그래밍 가능한 기능**을 생각해 볼 수 있습니다. 토큰 증권은 다양한 기능으로 프로그래밍될 수 있으므로 모듈식 구조를 유지하면서 사용자 정의가 가능하다는 것입니다.

시스템을 상호 교환 가능한 구성 요소로 분해하는 모듈화는 정보 비대칭 문제를 해결할 수 있습니다. 모듈형의 투명한 시스템을 사용하면 정보에 더 쉽게 접근하고 확인할 수 있어 정보의 비대칭 발생이 줄어듭니다.

세 번째, **디지털화**(Digitization)입니다. 디지털화는 물리적 자료나 프로세스를 디지털 형태로 변환하는 과정을 의미합니다. 정보 접근성과 가용성을 향상시키며, 데이터 분석 및 활용이 가능해집니다. 토큰 증권은 전통적인 아날로그 프로세스에서 정보나 프로세스를 디지털 형식으로 변환하여 효율성, 정확성 및 확장성을 향상시킬 수 있습니다.

디지털 트렌스포메이션의 주요 요소인 디지털화와 토큰 증권 특성의 연관성을 고려해 보면, 우선 **불변 원장**의 특성을 들 수 있습니다. 블록체인의 디지털 기록은 정확하고 변조 방지되며, 추적 가능한 거래 내역을 보장합니다. 다음으로 실시간 데이터 **가용성** 특성을 들 수 있는데 이는 모든 거래와 변경 사항이 실시간으로 업데이트되어 데이터에 즉시 액세스할 수 있습니다. 마지막으로 **글로벌** 거래 특성을 생각해 볼 수 있습니다. 디지털 특성으로 인해 원활한 글로벌 거래가 가능해지며 전통적인 지리적 장벽이 사라지는 효과를 얻을 수 있습니다.

디지털화를 통해 증권은 분할될 수 있으며, 더 많은 참가자가 시장에 진입하고 보다 효율적으로 거래할 수 있도록 함으로써 낮은 유동성 및 접근 제약 문제를 해결할 수 있습니다. 디지털 전환이라는 렌즈를 통해 토큰 증권은 새로운 형태의 자산을 나타낼 뿐만 아니라 현대 시대의 기술 및 비즈니스 구조의 광범위한 변화를 선도하는 역할을 할 것입니다.

디지털 트렌스포메이션의 성공을 위해서는 표준화, 모듈화, 디지털화를 종합적으로 고려하고 적절히 적용하는 것이 필요하듯이 토큰 증권도 비즈니스 활성화를 위해서는 종합적이고 체계적인 접근 방식이 중요합니다.

2-2. 금융 거래 분석 차원

금융 거래 분석 5가지 차원[4]에서 디지털 트렌스포메이션을 통한 전통적인 증권의 한계를 해결하는 토큰 증권의 특징들에 대해서 분석한 결과

---

4 김용진(2021), '금융서비스와 핀테크' 자료 참조.

를 아래 그림에서 표현하고 있습니다.

그림 6.
금융 거래 분석 차원의 전통적인 증권과 토큰 증권

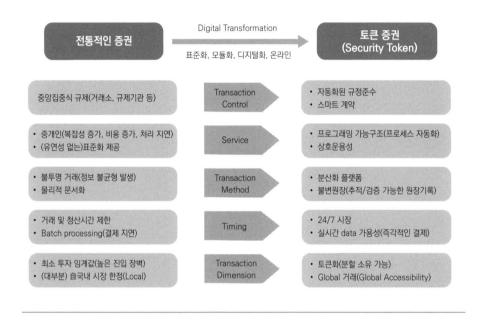

그림에서 보여주듯이 디지털 트렌스포메이션의 주요 특성인 표준화, 모듈화, 디지털화, 온라인을 통한 금융 거래 분석 차원의 각 항목에 대해서 상세히 분석한 내용은 다음과 같습니다.

첫째, **거래통제**(Transaction Control) 차원입니다. 전통적인 증권은 중앙집중식 통제 메커니즘을 주로 사용합니다. 이러한 중앙집중화는 비효율성을 초래할 뿐만 아니라 단일 통제 지점으로 조작 및 시스템적 오류에 취약한 면을 보입니다. 반면, 토큰 증권은 대체로 탈중앙화된 플랫폼에서 관리됩니다. 이는 시스템의 오류 위험을 줄일 수 있고, 중앙 집중식 제어로 발생하는 문제를 제거할 수 있습니다. 또한 스마트 계약을 통해 특정 거래 조건을 설정할 수 있으며, 이는 토큰이 자동으로 규칙 및 규정을 준수하도록 프로그래밍될 수 있다는 것을 의미합니다.

둘째, 서비스(Service) 차원입니다. 전통적인 증권의 서비스 프레임워크는 대리인이나 은행과 같은 중개인에 크게 의존하고 있습니다. 이는 거래 복잡성을 증가시키며, 수수료 상승 효과와 거래 처리에 지연을 초래하고 있습니다. 또한 투자자의 개별적인 요구에 따라 서비스가 맞춤화되거나 유연하게 제공할 수 없습니다. 반면, 토큰 증권을 사용하면 블록체인과 스마트 계약을 사용하여 많은 프로세스를 자동화할 수 있습니다. 이는 중개인에 대한 의존성을 줄여 처리를 가속화하고 수수료를 줄일 수 있으며, 자동화와 프로그래밍 가능성으로 보다 맞춤형 서비스 경험이 가능하여 서비스는 투자자의 특정 요구 사항을 충족하기 위해 조정될 수도 있습니다.

셋째, 거래방식(Transaction Method) 차원입니다. 일단 전통적인 증권은 투명한 거래 방식을 취하고 있지 않습니다. 때로는 전체 시장의 수요와 공급에 대한 명확한 전망 없이 장외시장에서 거래가 이루어지기도 하며, 이로 인해 정보 불균형이 발생하고 진정한 시장 가격에 대한 명확성이 떨어지기도 합니다. 반면, 토큰 증권의 거래는 분산 원장에 기록됩니다. 이로 인해 모든 거래는 추적 및 검증 가능하므로 높은 수준의 투명성이 보장됩니다. 또한 거래소 플랫폼 없이 피어 투 피어 Peer-to-Peer로 거래할 수 있으므로 보다 직접적이고 개방적인 시장 역동성이 가능하게 됩니다.

넷째, 타이밍(Timing) 차원입니다. 전통적인 증권 거래는 특정 시장 거래 시간과 결제시간이 존재합니다. 이는 시간대가 다양한 글로벌 시장에서 비효율성을 초래하며, 거래의 청산은 여러 일이 걸릴 수 있습니다. 이로 인해 투자자에게는 위험이 발생하고 자본 사용의 유연성이 감소하는 현상이 나타나고 있습니다. 반면, 토큰 증권은 거래 시간이 있는 기존의 증권 시장과 달리 24 * 7 연중 무휴 시장으로 운영될 수 있어 투자자에게 투자 타이밍에 대한 유연성을 제공할 수 있습니다. 또한 거의 즉각적인 정산이 될 수 있어 결제처리 지연에 따른 자금이 묶일 수 있는 기존의 증권과 대비됩니다.

다섯째, 거래차원(Transaction Dimension)입니다. 전통적인 증권에서는 거래의 세부성이 제한될 수 있습니다. 예를 들어, 소규모 투자자는 원하는 만큼의 증권을 구매하지 못하여 시장 참여에 제한이 걸리고, 그들의 포트폴리오를 다양화하지 못하는 결과를 낳기도 합니다. 반면, 토큰 증권은 분할 소유가 가능하여 자산을 원하는 만큼 더 작은 단위로 나눌 수 있습니다. 투자자가 자산의 일부분만 구매할 수 있게 해 많은 사람들이 이전에 도달할 수 없었던 투자에 접근하는 것을 민주화할 수 있습니다. 또한 진입 장벽이 최소화되어 글로벌 투자자들이 쉽게 참여할 수 있으며, 이는 투자자 풀을 크게 확장하는 역할을 합니다.

결론적으로 전통적인 증권은 투자 세계에서 극히 일부 투자자에게 안정감과 그에 따른 거래 구조를 제공하였지만, 유연성, 투명성 및 접근성 측면에서의 제한점들을 가지고 있고 이러한 이유로 인해 디지털 트렌스포메이션의 주요 특성을 활용한 토큰 증권이 대안으로 모색되는 이유라 할 수 있습니다.

3 토큰 증권 이해를 위한 개념적 구조

앞서 서술한 전통적인 증권의 한계와 해결 방안으로 디지털 트렌스포메이션의 주요 특성을 활용한 토큰 증권의 특성과 금융 거래 분석 차원을 통해 얻을 수 있는 기대 효과를 살펴보도록 하겠습니다.

그리고 디지털 트렌스포메이션의 주요 특성들을 중심으로 금융 거래 분석 5가지 차원에서 토큰 증권의 특성들을 분류하고 난 후, 전통적인 증권의 한계를 극복할 수 있는 해결 요소들과의 연관성을 분석해 볼 것이며, 마지막에는 디지털 트렌스포메이션의 주요 특성별로 연관된 토큰 증권의 특성들이 전통적인 증권의 한계를 극복함에 따른 기대효과의 연계성도 알아보도록 하겠습니다.

3-1. 기대 효과

먼저, 전통적인 증권의 한계를 극복할 수 있는 토큰 증권의 특성이 어떠한 기대효과가 있는지 살펴보도록 하겠습니다.

첫 번째, 高비용구조 해소에 따른 기대효과로 거래가 더욱 효율적으로 진행됨에 따라 거래 관련 수수료가 감소할 것으로 예상할 수 있습니다. 비용이 감소함에 따라 더 많은 참가자, 특히 소매 투자자가 증권 시장에 참여할 여유가 생기게 되어 더 폭넓은 참여가 예상됩니다. 또한 비용 절감은 거래 및 투자 활동 증가로 이어져 잠재적으로 시장을 더욱 활성화시킬 수 있습니다.

두 번째, 정보 비대칭 문제를 해결하면서 보다 투명하고 공정하며 효율적인 증권 시장을 만들 수 있습니다. 즉, 기대 효과로 더 나은 정보 접근성을 통해 증권의 실제 가치를 반영하여 더 정확하게 가격을 산정할 수 있어 **공정한 가격 책정**이 가능해질 수 있습니다. 또한 투명성이 향상됨에 따라 투자자와 시장 참여자는 시장에 대한 **신뢰**를 더욱 키워 참여를 늘릴 수 있으며, 투명하고 불변적인 시스템을 사용하면 내부자 거래와 같은 **조작 행위 감소**의 효과를 가져올 수 있습니다. 블록체인의 고유한 속성과 토큰 증권의 프로그래밍 가능성은 정보 배포 및 접근성의 격차를 줄여 모든 시장 참여자에게 동일한 기회를 줄 수 있는 솔루션을 제공합니다.

세 번째, 낮은 유동성 및 접근 제약 문제 해결의 기대 효과로 **시장 심도**(market indepth)[5]**가 증가**합니다. 이에 따라 더 많은 참가자와 더 수월한 거래 메커니즘을 통해 시장은 더 많은 거래량과 가격에 영향을 미치는 다양한 요인들의 증가로 합리적인 가격의 발견을 확인해 볼 수 있습니다. 또한 이전에 많은 사람들이 접근할 수 없었던 자산(예술품, 부동산 또는 특정 사모 주식, 프로젝트 등)에 일반 투자자가 접근할 수 있게 되어 **자산 소유권의 민주화**를 이룰 수 있습니다. 따라서, 진입 장벽이 감소하고 접근성이 향상됨에 따라 자본은 자산과 국경을 넘어 더 자유롭게 이동할 수 있어 보다 **효율적인 자본 배분**으로 더 나은 투자 기회와 수익을 얻을 수 있는 기회를 기대해 볼

---

5 주식시장에서 1,000주 거래 시 가격변동이 1호가 단위 이하인 거래량의 비중을 말합니다. 다른 표현으로 시장심도가 증가한다는 것은 시장에 참여하는 사람들이나 기업의 수가 증가하고, 그들이 다양한 제품이나 서비스를 제공하는 범위가 넓어진다는 것을 의미합니다. 이는 경쟁이 더욱 치열해지고 시장이 더 다양해진 다는 것을 나타냅니다. 반대로 시장심도가 감소한다는 것은 시장 참여하는 사람들이나 기업의 수가 줄어들 거나, 그들이 제공하는 제품이나 서비스의 다양성이 감소한다는 것을 의미하며, 이는 경쟁이 줄어들고 시장이 더 단일화되거나 제한적으로 변화한다는 것을 뜻합니다.

수 있습니다.

토큰 증권은 자산을 소유하고, 거래하고, 접근하는 방법에 있어서 패러다임[6]의 변화를 제시합니다. 전통적인 증권 시장의 저유동성과 접근제약이라는 본질적인 한계를 해결함으로써 금융 시장 환경을 더욱 포용적이고 효율적이며 역동적으로 만들 것입니다.

3-2. 토큰 증권 구성요소 및 역할

전통적인 증권의 한계와 해결 방안을 디지털 트렌스포메이션의 주요 특성들과 금융 거래 분석 차원의 토큰 증권 특성들로 전통적인 증권의 한계를 해결하는 일련의 과정을 다음 그림[7]에서 표현하고 있습니다.

그림[7]에서 보여주듯이 전통적인 증권의 문제점인 첫 번째, 高비용 구조의 해결 요소는 금융 거래 분석 차원에서 거래통제(스마트 계약), 서비스(상호 운용성), 거래방식(분산화)과 연결되어 있으며, 디지털 트렌스포메이션의 주요 특성 중 표준화(스마트 계약, 상호 운용성)와 모듈화(분산화)에 연계되어 있습니다.

두 번째, 정보의 비대칭성 해결 요소는 금융 거래 분석 차원에서 서비스(프로그래밍 가능구조), 거래방식(불변원장), 타이밍(실시간 data 가용성)과 연결되어 있으며, 디지털 트렌스포메이션의 주요 특성 중 모듈화(프로그래밍 가능)와 디지털화(불변 원장, 실시간 data 가용성)에 연계되어 있습니다.

---

6 패러다임(paradigm)은 어떤 한 시대 사람들의 견해나 사고를 근본적으로 규정하고 있는 테두리로서의 인식의 체계, 또는 사물에 대한 이론적인 틀이나 체계를 의미하는 개념입니다. '토머스 쿤'이 〈과학혁명의 구조〉에서 제안함.

그림 7.

토큰 증권 구성요소 및 역할

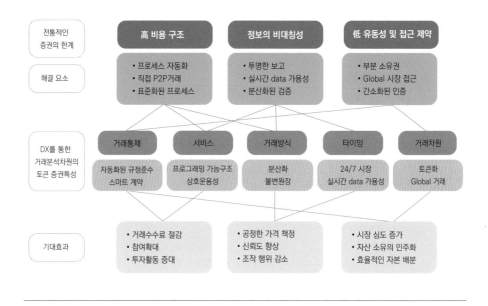

세 번째, 低 유동성 및 접근 제약의 해결 요소는 금융 거래 분석 차원에서 거래통제(자동화된 규정준수), 거래차원(토큰화, Global 거래)과 연결되어 있으며, 디지털 트렌스포메이션의 주요 특성 중 표준화(자동화된 규정 준수), 모듈화(토큰화), 디지털화(Global 거래) 모두와 연계되어 있다는 것을 보여주고 있습니다.

이러한 연결 관계는 디지털 트렌스포메이션의 주요 특성(표준화, 모듈화, 디지털화, 온라인)을 통하여 금융 거래 분석 5가지(거래통제, 서비스, 거래방식, 타이밍, 거래차원) 측면으로 파악된 토큰 증권 특성이 전통적인 증권의 한계와 해결 방안을 연결하고 기대 효과까지 체계적으로 접근한 모습으로 보여주고

토큰캐피털리즘

있습니다.

또 다른 측면으로 디지털 트렌스포메이션의 주요 특성을 중심으로 상호 연결된 토큰 증권의 특성이 전통적인 증권의 한계와 해결 방안을 체계적으로 접근한 모습은 표[2]에서 보여주고 있습니다.

표 2 | 디지털 트렌스포메이션의 주요 특성 중심의 토큰 증권 특성과 체계적 접근

거래 특징	토큰 증권 특성	전통적인 증권 문제 해결요소	기대효과
표준화	스마트계약 상호운용성 자동화된 규정준수	프로세스 자동화 표준화된 프로세스 간소화된 인증	거래수수료 절감 투자활동 증대 효율적인 자본 배분
모듈화	토큰화 분산화 프로그래밍 가능	부분소유권 직접 P2P거래 분산된 검증	시장심도 증가 참여확대 조작 행위 감소
디지털화	불변원장 실시간 데이터 가용성 글로벌 거래	투명한 보고 실시간 데이터 가용성 글로벌 시장 접근	공정한 가격 책정 신뢰도 향상 자산 소유의 민주화

결론적으로 이 개념적 구조에서 표현하고 있는 토큰 증권 구성요소 및 역할에 대한 일련의 과정은 상호 연결성과 전체성을 강조하고, 디지털 트렌스포메이션의 주요 특성들이 토큰 증권 특성들과 어떻게 상호 작용하여 다면적인 문제를 해결하는지 다음 그림에서 잘 보여주고 있습니다.

그림 8.

디지털 트렌스포메이션의 주요 특성 중심의 토큰 증권 특성과 체계적 접근

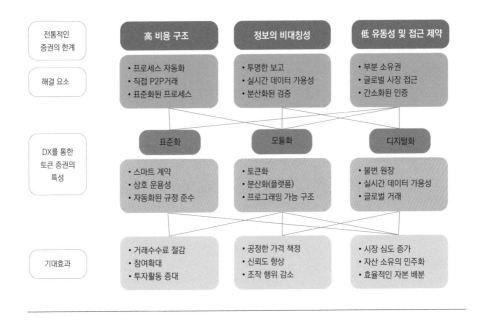

3-3. 개념적 구조의 중요성

토큰 증권 구성요소 및 역할에 대한 개념적 구조의 필요성과 중요성은 다음과 같습니다.

첫째, 토큰 증권에 대한 포괄적 이해를 위한 강조 측면이 있습니다. 프레임워크는 전통적 증권의 본질적인 한계를 해결하기 위해 토큰 증권을 중심으로 더 접근하기 쉽고, 효율적이며 투명한 증권 거래 모델을 제안합니다. 토큰 증권은 금융 수단에서 혁신적인 도약을 나타내며, 전통적 증권에 비해 더 역동적이고 적응력 있는 접근법을 제공합니다.

둘째, 미래 혁신을 위한 지침으로써의 강조 측면이 있습니다. 프레임워크는 토큰 증권의 발행과 거래 방식에 일관성과 통일성을 보장하는 표준화 개념을 적용하고, 이러한 표준화는 다양한 플랫폼 및 국가 간의 상호 운용성과 더 폭넓은 수용을 위해 필수적임을 강조합니다. 또한 복잡한 금융 상품을 더 관리하기 쉽고 이해하기 쉬운 구성 요소로 분해함으로써, 모듈화는 시장의 다양한 요구에 맞게 토큰 증권을 더 접근 가능하고 맞춤화할 수 있도록 도와줍니다. 토큰 증권의 디지털 특성을 강조함으로써, 프레임워크는 거래에서의 보안, 속도 및 효율성을 향상시킬 수 있는 방법을 보여줍니다.

셋째, 금융 거래 분석에서의 체계화 강조 측면이 있습니다. 프레임워크는 발행부터 거래, 그리고 거래 후 과정에 이르기까지 토큰 증권을 사용한 금융 거래의 자세한 분석을 가능하게 합니다. 토큰 증권의 구성 요소와 역할을 금융 거래 분석의 다섯 가지 차원에서 재분석함으로써, 토큰화된 자산을 포함하는 복잡한 금융 거래를 이해하는 데 강력한 분석 도구가 되며, 그들의 운영 메커니즘에 대한 포괄적인 이해를 제공합니다. 이 다차원 분석은 토큰 증권과 관련된 위험, 수익, 시장 역학을 평가하는 데 중요한 역할을 하고 있습니다.

넷째, 교육 및 지식 구축 도구로서의 측면입니다. 이 프레임워크는 금융 분야에서 새롭게 발전하는 영역에 대한 구조화된 이론적 이해를 제공함으로써 미래 연구를 위한 기초를 제공합니다. 또한 금융 교육 프로그램을 위한 교육 자료 및 토큰 증권 분야에 대해 티칭 teaching 하는데 활용될 수 있습니다. 이 모든 것은 토큰 증권을 효과적으로 구현하고 관리하는 방법에 대한 실용적인 통찰력과 정책 결정 및 규제 접근 방식에 지침 제공을 목표로 하고 있습니다.

요컨대, 토큰 증권 구성요소 및 역할의 개념적 구조는 전통적 증권의 한계를 해결할 뿐만 아니라 디지털화의 변혁적 측면을 금융부문에 통합하는 것을 주요하게 다루었습니다. 이 프레임워크는 토큰 증권의 역할과 영향에 대한 구조화 및 전망을 보여주는 관점을 제공함으로써 금융 시스템과 증권 관리의 진화에 중요한 단계를 보여주고 있습니다.

IV

토큰 증권의
실제 활용 사례

토큰 증권의 실제 활용 사례

1 부동산 거래: 온라인 부동산 거래가 어떻게 변화하고 있는지

부동산의 토큰화는 가장 대중적이면서도 실용적이고 영향력 있는 모습을 잘 보여주고 있는 토큰 증권 기능 중 하나입니다. 그 이유는 단일 자산군으로는 가장 큰 규모를 보여주고 있으며, 일반인도 관심도가 높은 자산이기 때문입니다. 또한 다른 자산군 대비 가치평가가 가능하다는 장점을 가지고 있습니다.

다음 그림[9]에서 보여주는 바와 같이 공인된 감정평가를 거쳐 부동산 가치가 산정되고, 이 가격을 기반으로 수익증권이 발행 및 공모의 절차를 거치게 됩니다. 국내에서도 2019년부터 금융위원회가 카사코리아, 루센트블록, 펀블 등 3개 기업을 혁신 금융 서비스로 지정하여 부동산 수익증권 플랫폼을 샌드박스 특례 하에 서비스를 운영 중일만큼 대중적인 관심이 많은 분야입니다.

부동산 토큰화는 부동산을 블록체인 기술을 활용하여 소유권을 작은 단위로 분리하여 거래하는 개념입니다. 각 토큰은 재산의 일부를 나타내어 소유권을 분산하고, 유동성을 향상시키며, 글로벌 접근성을 가능하게 합니다. 토큰화는 더 포괄적이고 효율적인 재산 투자 모델을 제공함으로써 누구나 부동산 투자 기회에 접근할 수 있게 하고, 스마트 계약을 통해 재산 관리와 거래 과정을 간소화할 수 있습니다. 이것은 부동산 투자의 유동성을 높일 수 있고, 개별 소유자가 작은 부분을 구입할 수 있는 기회를 제공합니다. 부동산 투자를 보다 쉽게 접근 가능하고 효율적이며 투명하게 하여 업계에 신선한 바람을 일으키고 있다고 해도 과언이 아닐 것 같습니다.

그림 9.

부동산 조각투자의 운영구조[1]

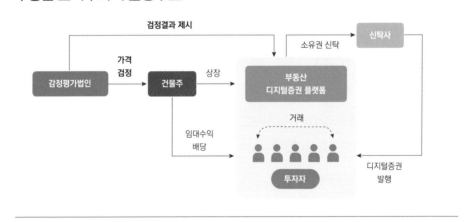

구분소유권(區分所有權)은 아파트와 같은 건물 중에서 한 가구에 대한 독립된 소유권을 말하며, 한 건물을 여러 소유자가 구분하여 각각 일부분을

---

1 출처: https://www.blockchainus.co.kr/news/articleView.html?idxno=3421 그림 및 기사발췌 요약(2023년 9월 9일 검색)

소유할 수 있는 것을 의미합니다. 이는 주택이나 상가건물과 같은 부동산에서 적용될 수 있으며, 민법에서 규정되어 있습니다. 이러한 부동산 토큰화 거래 종류의 대표적인 사례로 미국의 Meridio와 QuantmRE의 구분소유권 거래를 들 수 있습니다. Meridio와 QuantmRE 둘 다 블록체인 기술을 통해 부동산 투자를 혁신하려 하며, 구분소유권을 용이하게 하고 투자자에게 높은 유동성과 접근성을 제공하려 합니다. 그러나 그들의 접근 방식, 중점 영역, 운영 모델에서는 중요한 차이점이 있습니다. 부동산 토큰화 관련해서는 여러 사례가 있지만 같은 부동산 토큰화 사업에서도 다양한 비즈니스 모델이 존재한다는 점을 상기시키기 위해 여기서는 Meridio와 QuantmRE 두 회사의 홈페이지 및 각종 웹사이트, 참고자료를 활용하여 자세히 살펴보도록 하겠습니다.

1-1. 메리디오(Meridio)

메리디오(Meridio)[2]는 블록체인 기술을 기반으로 개발한 부동산 거래·투자 플랫폼으로서 부동산 소유권을 블록체인에 기록하여 거래하고 관리하는 서비스를 제공하는 '블록체인 기반 부동산 간접투자 플랫폼'입니다. Meridio 플랫폼은 부동산 토큰화를 통해 부동산 소유권을 분할하고 거래할 수 있게 해주며, 이는 부동산 투자에 대한 접근성을 높여주고 다양한 투자자들에게 기회를 제공합니다. 특히, 스마트 계약을 활용해서 소유

---

2 출처: https://metapippin.blogspot.com/2021/05/blog-post_22.html와 https://blog.naver.com/ch3357/222095072588 기사 발췌 요약(2023년 9월 9일 검색)

주가 부동산 소유권의 일부분만을 토큰으로 만들어서 투자자에게 판매하는 구분소유권 거래의 활성화를 시도하였습니다.

그림 10.

Meridio 거래 웹사이트

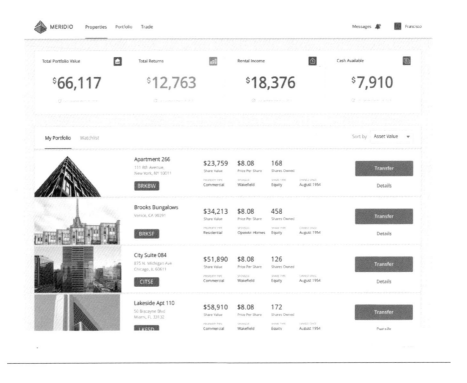

예를 들어, 도심 한복판에 있는 고가의 상업용 부동산 소유주가 메리디오에서 소유 빌딩의 일부 지분을 디지털 토큰으로 발행하면, 개인 및 투자자들은 이 토큰의 매수를 통해 해당 빌딩의 지분을 소유하고 빌딩 소유주는 매도한 토큰만큼 자금을 유동화할 수 있습니다. 부동산 자산에 유

동성을 부여하는 방법(ABS, MBS, REITS 등)에는 여러 가지가 있지만, 전문가들에 의해 설정되는 등 복잡한 중개구조를 가지고 개별자산에 대한 정확한 가치를 분석하기는 어렵습니다. 반면, 메리디오에서 부동산 소유주는 자산의 정보를 정확하게 평가받고 토큰에 정보를 담아 플랫폼에 게재합니다. 개인, 펀드매니저 등 다양한 투자자들이 이렇게 생성된 신뢰도 높은 정보에 쉽게 접근할 수 있습니다.

결과적으로 투자자는 소규모 자본금으로 원하는 부동산에 투자할 수 있는 다양한 기회와 P2P거래를 통한 거래 비용 절감 효과 등을 얻을 수 있고, 소유자는 더 많은 투자자 집단에 접근할 수 있어 자산의 유동성을 높일 수 있습니다. 그림에서 보여주는 바와 같이 거래에 대한 메커니즘을 좀 더 상세히 살펴보면 Meridio의 구분소유권 거래는 다음과 같은 단계로 진행되는 것을 알 수 있습니다.

1. **등록 및 신분 확인:** Meridio 플랫폼에 가입하고 필수 신분 확인(KYC) 절차를 완료합니다.
2. **부동산 자산 선택:** 플랫폼에서 구분소유권을 얻고자 하는 부동산 자산을 선택합니다.
3. **구분소유권 토큰화:** 선택한 부동산 자산을 토큰화하여 블록체인에 기록합니다. 이는 부동산의 일부 소유권을 나누어 토큰으로 발행하는 것을 의미합니다.
4. **구분소유권 거래:** 토큰화된 구분소유권은 Meridio 플랫폼 내에서 거래됩니다. 투자자들은 구분소유권 토큰을 구매하고 판매할 수 있습니다.

5. **스마트 계약**: 거래는 블록체인 스마트 계약을 통해 자동화되며, 소유권 이전과 수익 배분 등을 관리합니다.
6. **수익 공유**: 부동산 수익은 구분소유권 토큰 소유자들 간에 공정하게 분배됩니다.

Meridio는 부동산 투자에 대한 투명성을 높이고, 소규모 투자자들에게도 부동산 시장에 참여할 기회를 제공하는 혁신적인 플랫폼 중 하나입니다. 그러나 Meridio의 상세한 거래 절차와 서비스 내용은 플랫폼 자체의 업데이트 및 정책 변화에 따라 변할 수 있으므로 최신 정보를 확인하는 것이 중요합니다.

그림 11.

Meridio의 구분소유권 거래[3]

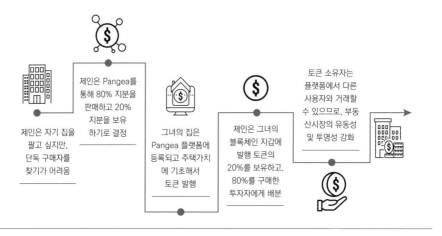

---

3 출처: WP19-14 부동산 유동화 수단으로 블록체인 기술의 활용가능성 연구[이후빈 국토연구원 책임연구원(hblee@krins.re.kr) page 31 그림9]

또한 그림[11]에서 보듯이 주택소유주는 자신이 원하는 만큼 소유권을 토큰으로 만든 다음 이 토큰을 P2P 방식으로 거래할 수 있습니다. 이는 부동산의 소유권을 조각내서 부동산 자산의 유동성을 높이고, 스마트계약 통해 거래비용을 절감하면서 거래의 투명성을 한층 높일 수 있습니다.

구분소유권을 블록체인 기술을 활용하여 거래하는 것은 부동산 소유권의 조각·등기·거래에서 발생하는 여러 가지 비용들을 확실히 감소시킬 수 있습니다.

실제 거래된 사례를 보면, 2019년 Meridio는 브루클린에 기반을 둔 부동산 소유주와 협력하여 12개 단위 고급 콘도 건물을 토큰화 했습니다. 부동산 소유자는 토큰화된 주식을 통해 건물 소유권의 20%를 투자자에게 매각했습니다. 이를 통해 그는 자본을 확보하는 동시에 투자자들에게 평소보다 훨씬 저렴한 가격으로 고급 콘도를 구매할 수 있는 기회를 제공했습니다.

정리해 보면 이러한 Meridio 부동산 토큰화에 대한 모든 과정과 요소들을 앞서 서술한 개념적 구조(토큰 증권 구성 요소 및 역할)의 실제 적용된 일련의 과정들로 살펴보면 다음 그림[12]와 같습니다.

그림[12]에서 보여주는 바와 같이 디지털 트렌스포메이션의 주요 특성인 표준화, 모듈화, 디지털화를 부동산 분야의 토큰 증권에 적용함으로써, 우리는 부동산을 사고, 팔고, 인식하는 방식을 혁신할 수 있습니다. 이는 부동산을 더 접근하기 쉽고, 투명하게 하며 현대 디지털 경제와 통합됨을 나타냅니다.

그림 12.

Meridio 부동산 토큰 증권 구성 요소 및 역할

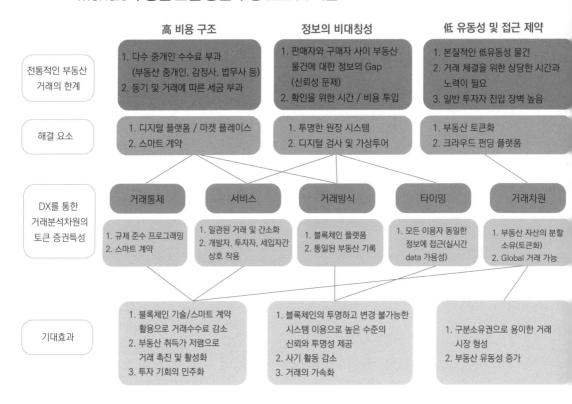

1-2. QuantmRE

QuantmRE[4]는 앞서 서술한 Meridio와 동일하게 부동산 토큰화를 전
문으로 하는 플랫폼으로, 블록체인 기술을 통해 부동산의 구분소유권 거

---

4 출처: https://www.quantmre.com/ 내용 발췌 및 요약(2023년 10월 1일 검색)

토큰캐피털리즘

래를 활성화시키고 있습니다. 이 플랫폼은 주택 소유자가 주택 자본을 토큰으로 전환할 수 있게 하여 주택 소유자와 투자자 모두에게 유익한 모델을 제공하고 있습니다. QuantmRE의 주요 목적은 주택 소유자들이 필요한 자금에 대해 더 이상 부채를 지지 않고도 필요한 만큼만 자신의 주택을 현금화로 손쉽게 접근할 수 있는 혁신적인 해결책을 제공하는 것입니다. 주택소유주는 구분소유권 거래에 기초한 증권형 토큰을 발행하고, 구분소유권 거래로 빚을 지지 않고 현금 확보가 가능하고 주택 지분 일부를 양도하는 대가로 이자 지급 없이 당장 현금을 확보할 수 있고 최대 30년까지 현재 주택에서 거주 가능합니다.

이 비즈니스 모델의 핵심은 주택담보대출과 같은 빚을 떠안지 않고 주택 지분에 기초해서 현금을 유동화하는 구분소유권 거래에 있습니다.

주택소유주는 자신이 원하는 만큼 소유권의 일부를 'QuantmRE'에게 양도하는 대신 그에 합당하는 현금을 바로 손에 쥘 수 있습니다. 투자자들에게는 부동산에 투자하면서 해당 대상 자산을 관리할 필요가 없는 편의성과 가치를 제공합니다.

그림 13.

QuantmRE 웹사이트

QuantmRE의 사업 운영 방식은 다음과 같다.

[주택 소유자 측면]

A. 주택 자본화

주택 소유자는 부채를 내거나 소유권을 포기하지 않고 플랫폼에서
주택 자본의 일부를 현금화할 수 있습니다.

B. 자본 협정

주택 소유자가 부동산을 팔거나 자본을 다시 사기로 결정할 때까지 QuantmRE는 지분 자유 계약 Equity Freedom Agreement에 따라 해제된 자본을 신탁으로 보유합니다.

C. 지급

주택 소유자는 주택 자본화로 현금을 받아 필요한 곳에 자유롭게 사용할 수 있습니다.

[투자자 측면]

A. 투자 기회

투자자는 플랫폼에서 다수의 대상 물건에 걸쳐 다양하게 투자할 수 있도록 구분소유권을 나타내는 토큰을 구매할 수 있습니다.

B. 자산 담보 토큰

이 토큰들은 실물 자산에 의해 담보되어, 투자자에게 안정적인 투자 보안 수준을 제공합니다.

C. 유동성

투자자들은 이러한 토큰들을 유통시장에서 자유롭게 매입하고 매도할 수 있어, 일반적인 부동산 투자와는 다르게 높은 유동성 수준을 제공합니다.

QuantmRE의 장점은 먼저, 전통적인 대출이나 모기지 대신 주택 소유자들이 자신의 주택 자체의 자본에 쉽게 접근할 수 있게 해주어 추가적인 부채나 이자 지불 없이 자신의 주택 가치를 활용할 수 있습니다. 투자자들 입장에서는 다른 물건들의 구분소유권에 투자함으로써 포트폴리오를 다양화할 수 있게 해주고 리스크 관리에도 도움을 줄 수 있습니다. 또한, 토큰화는 블록체인 기술이 제공하는 유연성과 유동성을 통해 투자자들이 그들의 투자를 거래할 수 있게 해줍니다. QuantmRE의 독특한 접근 방식은 주택 소유자와 투자자 모두에게 이로운 해결책을 제공합니다. 주택 소유자들은 부채를 내지 않고도 그들의 부동산 가치를 이용할 수 있고, 투자자들은 블록체인 기술이 제공하는 유연성과 유동성을 통해 부동산 자산에 쉽게 접근할 수 있습니다.

　Meridio와 QuantmRE는 부동산의 토큰화라는 동일한 목표는 있지만 추구하는 바와 비즈니스 모델에는 차이점이 있습니다. 표[3]에서 보여주는 바와 같이 같은 부동산 토큰화라는 사업영역에서도 다양한 비즈니스 모델을 만들어 낼 수 있다는 것을 잘 보여주고 있습니다.

표3 Meridio와 QuantmRE의 비즈니스 모델 차이

	Meridio	QuantmRE
대상고객	투자자 중심	소유자+투자자
자산유형	상업용 중심	주거용 중심
투자접근방식	특정 부동산 직접 투자	소유자: 주택 자본화 투자자: 구분소유권 취득
운영모델	전문 재산 관리 서비스 수익 분배(배당/임대)	소유자: 자금수령 투자자: 가치상승 이익
유동성	2차 시장(유동성 제공)	2차 시장(유동성 제공)

　대상 고객측면에서 Meridio는 주로 부동산 자산으로 포트폴리오를 다

　　　　　　　　　　　　　　　　　　　　　　　　토큰캐피털리즘

양화하려는 투자자를 대상으로 합니다. 반면 QuantmRE는 주택 소유자와 부동산에 투자하려는 투자자 모두를 대상으로 합니다. 자산 유형을 보면 Meridio는 상업용 부동산에 중점을 두지만 QuantmRE는 주거용 부동산을 중심으로 비즈니스 활동을 하고 있습니다.

투자 접근 방식에서 Meridio는 투자자가 개별 대상 물건에 대한 소유권을 나타내는 토큰을 사게 함으로써, 특정 부동산 자산에 직접 투자할 수 있게 합니다. QuantmRE는 주택 소유자는 토큰화를 통해 주택 자본을 해제할 수 있으며, 투자자는 주택 자본의 구분소유권을 나타내는 이러한 토큰을 구매할 수 있습니다.

운영 모델에서 Meridio는 상업용 부동산의 적절한 유지 및 관리를 확실히 하기 위해 운영에 전문 재산 관리 서비스를 포함하고 있습니다. 또한 대상 물건의 성과와 수익 창출에 따라, 토큰 소유자는 대상 물건에서 배당금이나 임대 수입을 받을 수 있습니다. QuantmRE는 주택 소유자가 부동산을 팔거나 자본을 다시 사기로 결정할 때까지 해제된 자본을 지분 자유 계약 Equity Freedom Agreement에 따라 신탁으로 보유합니다(자본협정). 또한, 주택 소유자는 자본 해제로부터 자금을 받을 수 있으며, 투자자는 시간이 지남에 따라 속성의 가치 상승에서 이익을 얻을 수 있습니다.

유동성 측면에서 Meridio는 투자자가 토큰을 거래할 수 있는 유통 시장의 창출을 강조하여, 부동산 투자에 높은 유동성을 제공합니다. QuantmRE도 유통 시장을 통해 구분소유권을 나타내는 토큰을 거래할 수 있게 함으로써 높은 유동성을 제공합니다.

결론적으로 Meridio는 주로 상업용 부동산 영역에서 운영되며, 투자자가 특정 속성에 직접 투자하고 속성으로부터 수익을 얻을 수 있게 하며, 유동성과 유통 시장 거래에 큰 비중을 두고 있습니다. 반면에 QuantmRE는 주로 주거용 부동산을 강조하며, 주택 소유자가 부채를 내지 않고도 주택의 자본에 접근할 수 있는 해결책을 제공하며, 나아가 주거용 부동산 자본에 투자할 기회를 제공하고 있습니다.

Meridio와 QuantmRE 각 플랫폼은 부동산 시장 내에서 다양한 필요와 선호에 맞추어서 독특한 접근 방식과 가치 제안을 가지고 있습니다. 이외에도 공공부문 등 다양한 분야에서 더 다양한 요구사항을 수렴하기 위한 새로운 비즈니스 모델이 지속적으로 나올 것으로 예상됩니다. 한편 부동산이라는 커다란 맥락에서 QuantmRE 부동산 토큰화에 대한 모든 과정과 요소들을 앞서 서술한 토큰 증권 구성 요소 및 역할에 대한 일련의 과정들로 적용하여 보면, Meridio에서 살펴본 그림[12]과 거의 동일한 수준으로 적용됨을 확인할 수 있습니다.

2 예술에 투자: 소유하고 거래하는 새로운 방법

예술과 문화 자산의 토큰화는 블록체인을 통한 소유권, 투자 등의 활용으로 예술과 기술의 결합에서 혁신적인 단계로 예술과 문화 분야에 대한 접근의 새로운 패러다임을 제공합니다. 분산원장 기술인 블록체인 상에서 작품이나 문화 자산의 해당 디지털 토큰은 소유권 또는 지분을 나타냅니다. 각 토큰은 해당 자산의 소유권의 일부를 나타내어, 여러 사람들이 그 자산에 투자하고 지분을 보유할 수 있게 합니다. 이러한 일련의 토큰화 과정을 살펴보면 다음과 같습니다.

먼저, 검증과 평가 단계로 작품이나 문화 자산은 먼저 그 진위를 검증받은 후, 해당 분야의 전문가들에 의해 가치를 평가받습니다. 다음으로 토큰 보유자의 권리를 정의하고, 구분소유권의 합법성을 확보하기 위해 법적 구조를 마련합니다. 토큰 발행 단계에서는 자산의 총 가치를 잘게 쪼개어 여러 토큰으로 나누고, 각 토큰은 소유권의 일부를 나타내며, 이러한 토큰들은 블록체인에 발행되고, 이후 투자자들에게 판매됩니다.

가장 커다란 장점으로는 일부 부유한 사람이나 기관만이 접근할 수 있던 고가의 예술과 문화 자산에 일반인들도 투자하고 소유할 수 있게 함으로써 더 많은 사람들에게 기회를 제공하여 **소유권의 민주화**를 이룰 수 있습니다. 하지만 예술과 문화 자산의 가치 평가는 매우 주관적이며 논쟁을 일으킬 수 있다는 것은 항상 유념해야 할 사안입니다. 이유여하를 막론하고, 전통적으로 유동성이 없는 자산에 유동성을 제공하고, 투명하고 변조 불가능한 기록을 통해 예술과 문화 자산의 출처를 보존할 수 있도록 토큰화는 예술과 문화 자산의 소유와 투자의 세계를 재구성할 잠재력을 충분히 가지고 있습니다.

확실히 예술과 문화 자산의 토큰화는 투자의 진입 장벽을 낮추어 전통적으로 독점적인 예술 세계를 더 많은 대중에게 개방하고 있습니다. 실제 대표적인 예술 및 문화 자산의 토큰화 사례인 매세나스(Maecenas)의 사례를 살펴보도록 하겠습니다.

2-1. 매세나스(Maecenas)

Maecenas는 사용자들이 고가의 미술 작품에 대한 지분을 토큰화를 통해 구매, 판매, 거래할 수 있도록 하는 혁신적인 블록체인 플랫폼입니다. 이 플랫폼은 전통적으로 배타적이고 불투명한 미술 시장에 전례 없는 접근성, 유동성, 그리고 투명성을 가져다주었습니다. Maecenas의 주요 목적은 미술 투자에 대한 접근성을 민주화하여, 더 많은 투자자들이 고가의 미술 작품에 지분을 가질 수 있게 하는 것입니다. 이것은 전통적으로 고가 미술 투자가 부유한 사람이나 전문 미술 수집가들의 전유물이었던 것을 고려하면 근본적인 사회적 변화라 할 수 있습니다. 가치 제안 측면에서 보면 미술 투자와 관련된 진입 장벽을 낮추고 비용을 감소시키며, 유동성, 투명성 그리고 접근 용이성을 제공하는 데에 있습니다.

이 플랫폼은 미술품을 토큰화하기 위해 블록체인 기술을 사용하며, 각 작품을 고유하고 분할 가능한 토큰으로 나타냅니다. 이를 통해 다수의 투자자가 동일한 작품에 대한 지분을 가질 수 있습니다. 이러한 소유의 분할은 미술 투자를 민주화하고 새로운 자산 클래스를 창출하며, 더 넓은 범위의 대중이 미술 투자의 세계에 쉽게 접근할 수 있게 만듭니다. Mae-cenas는 작품 지분이 최고 입찰자에게 팔리며 지분 가격을 결정함에 있어 공정하고 투명한 가격 발견을 가능하게 하는 더치 경매(Dutch Auction) 메커니즘을 사용하고 있습니다. 이것은 시장 참여자들이 미술 작품의 가치를 결정하게 하여, 지분의 탈중앙화된 민주적 분배를 보장하고 있습니다.

이것의 대표적인 사례로 2018년, Maecenas는 앤디 워홀 Andy Warhol의 "14 Small Electric Chairs"의 31.5%(약 170만 달러)를 토큰화하여 큰 주목을 받았습니다. 이 작품은 560만 달러로 평가되었고, 투자자들은 작품에 대한 분할 소유권을 대표하는 디지털 증서를 구매할 수 있었습니다.

그림 14.

Maecenas 플랫폼에서의 토큰화된 대표 예술품[5]

비트타임즈[6]에 따르면 경매에는 800명 이상이 참가했고, 이 가운데 100명이 입찰에 참여했습니다. 입찰자들은 스마트 컨트랙트를 활용해 비트코인과 이더리움, 매세나스(ART) 코인으로 워홀의 작품 소유권 일부를 구입한 것으로 알려졌습니다. 매세나스 측은 이번 경매에 대해 '14 Small Electric Chairs'의 소유권을 입찰자들이 구매할 수 있도록 디지털 인증서로 토큰화시켰다고 밝혔습니다.

Maecenas의 디지털 토큰화에 대한 실사례를 통해 관련 영향도를 요약해 보면 다음과 같습니다(이민하, 2019).

Ⓐ 시장 영향

- **유동성과 분할 소유권:** Maecenas는 분할 소유권을 가능하게 함으로써 미술 시장의 유동성을 증가시킵니다. 전통적으로 유동성이 없던 미술 작품들이 토큰화로 유통 시장에서 거래될 수 있습니다.
- **시장 확장:** Maecenas는 미술 세계에 새로운 수익 흐름과 투자 기회를 열어, 새로운 카테고리의 투자자와 미술 애호가들을 끌어들였습니다.

Ⓑ 투자자 영향

- **포트폴리오 다변화:** 투자자들은 이제 고가의 미술 작품에 대한 분할 지분을 포트폴리오에 추가함으로써, 리스크를 감소시키고 투자의 탄

---

6   출처: https://www.venturesquare.net/768404 기사 발췌 및 요약(2023년 10년 2일 검색)

력성을 향상시킬 수 있습니다.

- **진입 장벽 감소**: 이 플랫폼은 더 낮은 투자 최소액을 허용하여, 더 넓은 범위의 투자자들이 미술 시장에 참여할 수 있게 만들었습니다.
- **향상된 접근성**: 암호화폐로의 투자를 가능하게 함으로써, 유형 자산으로 다변화하려는 암호화폐 투자자들에게 접근성을 증가시켰습니다.

Ⓒ 미술 산업 영향

- **투명성과 출처**: 블록체인은 거래의 투명성과 작품의 출처를 보장하여, 시장에 대한 신뢰를 강화하고 분쟁을 감소시켰습니다.
- **가치 실현**: 작가들과 미술 소유자들은 작품을 토큰화하여 다수의 투자자에게 지분을 팔고, 특히 자금이 필요한 작가들에게 귀중한 자금을 제공할 수 있습니다.

Ⓓ 도전 과제 및 리스크

- **규제 환경**: 실물 자산을 토큰화하는 것은 복잡한 규제 환경에 직면해 있으며, 다양한 국가 및 관할 지역에서의 당면 과제로 인식되어지고 있습니다.
- **시장 수용**: 전통적인 미술 수집가와 관련 기관들을 설득하여 미술 토큰화의 이점을 받아들이게 하는 것이 또 하나의 주요 장벽으로 인식되고 있습니다.
- **가치 논쟁**: 미술의 가치 평가는 매우 주관적이며, 경매 가격의 공정성에 대한 인식이 영향을 미칠 수 있습니다.

분산원장[7] 기술인 블록체인 장부는 이론적으로 수집가들이 작품의 진위를 식별할 수 있도록 되어 있지만, 리스크 측면에서 언급했듯이 단점도 갖고 있습니다. 우선 집에 작품을 걸어둘 수 없다는 것입니다. 아울러 암호화된 증권은 사기 위험으로부터 그림을 보호해 줄 수도 없다는 것입니다.

Maecenas는 미술 토큰화의 선구자로서 미술계와 투자 환경에 전례 없는 변화를 가져왔습니다. 블록체인 기술을 활용하여, 미술 시장의 접근성, 유동성, 투명성 문제를 해결했습니다. 다시 말해, 표준화, 모듈화, 디지털화와 같은 디지털 트렌스포메이션의 특성을 우리가 쉽게 접근하기 힘들었던 예술의 세계에 토큰 증권을 적용하면 예술을 보고, 사고, 팔고, 감상하는 방식을 혁신적으로 바꿀 수 있습니다.

규제 준수와 시장 수용 같은 도전이 남아 있지만, Maecenas의 성공과 발전은 예술의 세계와 분산원장 기술인 블록체인의 융합이 밝은 미래를 맞이할 것임을 예고하고 있다고 해도 과언이 아닐 것입니다.

앞서 토큰 증권의 개념적 구조에서 언급했듯이 동일한 기준으로 이러한 Maecenas의 디지털 토큰화에 대한 모든 과정과 요소들을 개념적 구조(토큰 증권 구성 요소 및 역할)로 적용하여 일련의 과정들을 살펴보면 다음 그림과 같이 표현할 수 있습니다.

---

7   출처: https://www.sedaily.com/NewsView/1S70PVO4YH 기사발췌 요약(2023년 10월 2일 검색)

토큰캐피털리즘

그림 15.

Maecenas 미술품의 토큰 증권 구성 요소 및 역할

	高 비용 구조	정보의 비대칭성	低 유동성 및 접근 제약
전통적인 미술품 거래의 한계	1. 경매 및 갤러리 수수료 2. 보험 및 보관 수수료 3. 운송 비용	1. 예술 작품의 출처 및 진위 여부 2. 평가 / 감정의 차이(매우 주관적) 3. 불투명한 거래(비공개)	1. 본질적인 비유동 자산 2. 주요 예술품에 대한 높은 진입 장벽 3. 파편화된 예술시장(갤러리, 경매장, 사설 딜러 등)
해결 요소	1. 디지털 경매 플랫폼 2. 디지털 검증 및 취급 3. 분할 소유권	1. 블록체인 기록(출처 및 거래) 2. 예술 데이터 분석 3. 공인된 예술 평가 플랫폼	1. 토큰화된 예술품 2. 글로벌 온라인 마켓플레이스 3. 예술 대출 플랫폼

DX를 통한 거래분석차원의 토큰 증권특성

거래통제	서비스	거래방식	타이밍	거래차원
1. 자동화된 규정준수 2. 스마트 계약	1. 예술품 출처 기록/보관 2. 예술가, 투자자, 애호가간 상호 작용	1. 블록체인 플랫폼 – 안전하고 투명한 거래	1. 모든 이용자 실시간 시장 data제공 (투명정보)	1. 분할 투자 및 소유 2. Global 거래 가능

기대효과	1. 블록체인 기술/스마트 계약 활용으로 중개비용 감소 2. 토큰화를 통한 분할 소유로 전체 비용 부담 감소	1. 블록체인의 투명하고 변경 불가능한 시스템 이용으로 높은 수준의 신뢰와 투명성 제공 2. 모든 관련 정보 즉각적인 검증 활용으로 사기 활동 감소	1. 분할 소유권으로 용이한 거래 시장 형성 및 2차 시장 거래 등 유동성 증가 2. 고가 예술품 투자를 대중화

인프라 파이낸싱은 경제 발전과 성장의 핵심 구성요소 중에 하나입니다. 하지만 전통적으로 큰 자본, 긴 시간의 프레임, 그리고 복잡하고 다양한 규제 프레임워크의 해결을 필요로 하므로 현실적으로 소규모 투자자들의 참여가 어려운 것이 사실입니다. 분산원장 기술인 블록체인과 토큰증권의 등장은 투자를 위한 혁신적이고 효율적이며 포괄적인 플랫폼을 제공함으로써 인프라 파이낸싱을 혁신하고 있습니다. 자산의 토큰화를 통해 인프라 프로젝트에 자금을 조달한다는 아이디어는 특히 대규모 프로젝트에 필요한 자본으로 어려움을 겪는 개발도상국에 혁신적일 수 있습니다. 이러한 자산을 토큰화함으로써 훨씬 더 광범위한 투자자 기반에 접근할 수 있고, 자금을 더 빨리 생성할 수 있으며, 프로젝트가 더 투명하고 책임감 있게 수행될 수 있습니다. 다음은 토큰화를 통한 인프라 파이낸싱의 대표적인 적용 사례를 알아보도록 하겠습니다.

3-1. SPiCE VC: 토큰화를 활용한 벤처 캐피털의 인프라 파이낸싱

SPiCE VC는 벤처 캐피털 영역에서 토큰화된 증권을 제공하기 위해 블록체인 기술의 힘을 활용하는 선도적인 벤처 캐피털 펀드입니다. 이 회사는 벤처 캐피털 투자와 관련된 전통적인 유동성 및 접근성 문제를 해결하기 위하여 탄생했습니다. 토큰화는 2010년대 중반 금융 분야에서 주목을 받기 시작했으며, 이러한 배경 속에서 SPiCE VC는 2017년 금융과 블록체인 분야의 전문가들에 의해 설립되었습니다.

그림 16.

SPiCE VC 공식 웹사이트[8]

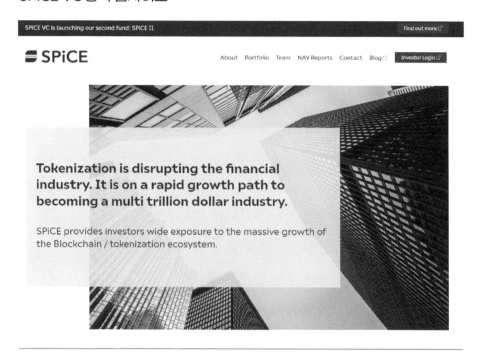

설립 이후 SPiCE VC는 여러 투자를 진행했으며, 이러한 투자들은 토큰화된 인프라에서 수익을 얻었습니다. SPiCE VC는 블록체인 기술과 금융이 어떻게 결합하여 전통적으로 유동성이 없는 시장을 혁신할 수 있는지를 보여주는 좋은 사례입니다. 먼저, 토큰화의 메커니즘과 주요 장점 및 고려사항에 대해서 살펴보도록 하겠습니다.

---

8   출처: https://www.spicevc.com/ (2023년 10월 3일 검색)

A 토큰화의 메커니즘

- **토큰 증권:** SPiCE VC의 토큰화 모델의 핵심은 토큰 증권이며, 토큰은 투자자의 SPiCE VC 펀드 지분을 나타냅니다.
- **이더리움 플랫폼:** SPiCE 토큰은 이더리움 플랫폼을 기반으로 하며, 이로 인해 투자 과정의 많은 부분이 자동화되고 있습니다.
- **증권 규제 준수:** SPiCE 토큰은 증권 법규를 완벽히 준수하고 있습니다.

B 주요 장점

- **유동성:** 벤처 캐피털 투자의 토큰화는 투자자들이 자신의 토큰을 (유통시장 등) 중개 시장에서 거래할 수 있게 합니다.
- **글로벌 접근:** 분산원장 기술인 블록체인에 의한 디지털화 과정은 더 넓은 범위의 글로벌 투자자들이 펀드에 참여할 수 있게 유도하고 있습니다.

C 고려사항

- **규제 환경:** 각 국가 및 로컬 지역에서의 규제 준수를 보장하는 것은 복잡한 상황에 직면할 수 있으므로 투자에 신중한 모드가 필요할 수 있습니다.

다음으로 실투자 사례인 Securitize[9]에 대해서 상세히 살펴보면 다음

---

9 출처: *Securitize 보도 자료*. (2018). Securitize, 시리즈 A 펀딩 라운드에서 1,275만 달러 모금.

과 같습니다. Securitize는 부동산, 지분 또는 부채와 같은 기본 자산을 대표하는 토큰 증권을 포함하여 블록체인에서 디지털 증권을 발행하고 관리하기 위한 플랫폼을 의미합니다.

- **투자 일자:** 2018년
- **투자 금액:** SPiCE VC는 Securitize의 시리즈 A 라운드에 투자했습니다. 전체 라운드에서는 1,275만 달러가 모금되었습니다. SPiCE VC의 정확한 투자 금액은 공개되지 않았지만, 그들은 이 라운드의 주요 참가자 중 하나였습니다.

그림 17.

Securitize 공식 웹사이트[10]

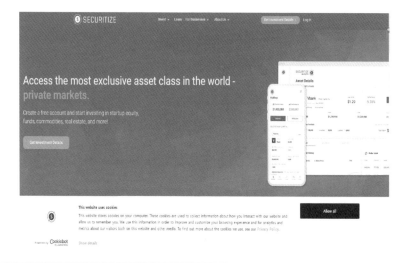

Securitize 공식 웹사이트(https://www.spicevc.com/)에서 검색 요약본. (2023년 10월 3일)

10   출처: https://securitize.io/ (2023년 10월 3일 검색)

- **투자 사유:** SPiCE VC는 토큰 증권 기반의 벤처 캐피털 펀드로서 Securitize의 사업 영역에 잠재력을 보았습니다. Securitize는 미국 증권 규정을 준수하면서 사모 회사 증권의 유통 거래를 활성화하는 방법을 제공하는데, 이는 SPiCE VC의 원칙과 목표에 일치했습니다. 두 회사 간의 시너지는 명확했습니다. SPiCE VC는 토큰화를 통해 투자자에게 유동성을 제공하려고 하며, Securitize는 그림[18]에서 보여주듯이 유동성을 가능케 하는 기술과 규제 인프라를 제공했습니다.

그림 18.

Securitize 투자 및 유동성 시장[11]

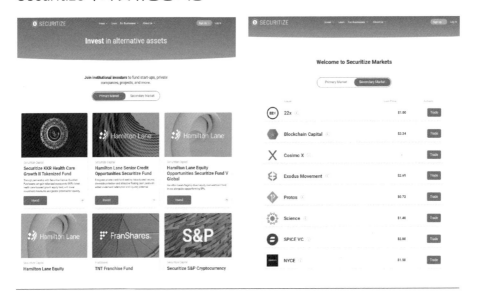

---

11 출처: https://securitize.io/invest/primary-market, https://securitize.io/invest/secondary-market (2023년 10월 3일 검색)

• **투자 결과:** 2020년까지 Securitize는 여러 저명한 인사들을 고객으로 맞이하였으며, 다양한 토큰 증권의 발행을 촉진했습니다. 시리즈 A 라운드 이후 Securitize의 가치가 크게 증가했다는 것은 SPiCE VC에 대한 긍정적인 투자 수익을 나타내는 중요한 지표입니다. 또한, SPiCE VC와 Securitize 간의 전략적 연결은 단순히 금융적 수익을 넘어서 SPiCE VC의 Securitize에 대한 투자는 다양한 벤처캐피털 회사가 디지털 증권과 블록체인 기반 금융 인프라의 밝은 미래를 더욱 확고하게 자리잡게 했습니다.

SPiCE VC의 Securitize 투자는 벤처 캐피털 회사의 전진적인 접근법을 보여주고 있습니다. SPiCE VC는 단순히 수익을 창출하는 금융투자뿐만 아니라 디지털 증권 및 블록체인 기반 금융 인프라의 밝은 미래에 더욱 뿌리를 내리게 될 것입니다.

요약해 보면, 인프라 파이낸싱의 변화는 현대적 기술의 솔루션, 간소화된 프로세스, 그리고 새로운 파이낸싱 모델을 통합하여 달성될 수 있습니다. 이를 통해 전통적인 인프라 파이낸싱 메커니즘이 제시하는 본질적인 한계를 해결할 수 있는데, 다시 말해 디지털 트렌스포메이션의 주요 특성을 기반으로 토큰 증권의 특성들을 통합 적용하여 인프라 파이낸싱과 관련된 여러 전통적인 한계점을 극복할 수 있고, 이 분야를 더욱 접근하기 쉽고 투명하면서도 효율적으로 만들 수 있습니다. 이러한 인프라 파이낸싱의 디지털 토큰화에 대한 일련의 과정과 요소들을 정리해서 앞서 서술한 개념적 구조(토큰 증권 구성 요소 및 역할)을 적용해 보면 다음 그림과 같습니다.

그림 19.

SPiCE VC 인프라 파이낸싱의 토큰 증권 구성 요소 및 역할

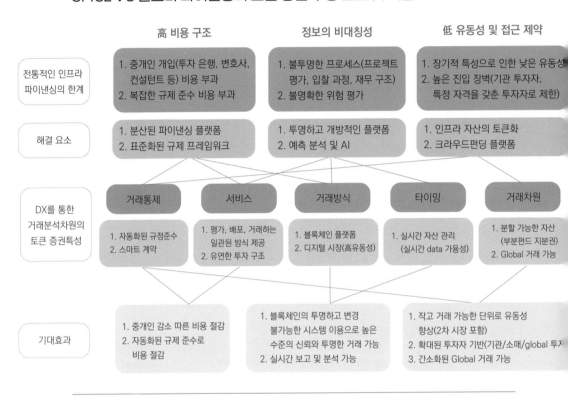

한편, 규제 불확실성, 기술 인프라 요구 사항 및 다양한 플랫폼과 각 국가 및 지역에 걸친 표준화의 필요성을 인식하는 것도 중요하며, 인프라 파이낸싱에서 토큰화의 잠재적 이점을 완벽히 이해하고 활용하면서 이러한 한계점을 극복하려면 이 분야에 대한 추가적인 연구와 개발이 필요합니다.

토큰 증권의
경제적 효과

토큰 증권의 경제적 효과

전통적인 금융 자산의 토큰화는 블록체인 기술을 사용하여 주식, 채권, 부동산, 기타 형태의 유형 및 무형 자산 또는 기존 금융 상품을 디지털 토큰으로 변환하는 과정을 의미합니다. 전통적인 금융 자산을 토큰화하는 몇 가지 이유는 다음과 같습니다.

첫 번째, **자산의 유동성** 증가 측면입니다. 토큰화는 부동산이나 사모펀드와 같은 비유동 자산을 디지털 토큰으로 표시되는 더 작고 부분적인 소유권 단위로 나누어 더 쉽게 접근하고 거래할 수 있도록 만들 수 있습니다. 이러한 프로세스는 새로운 시장을 창출하고 자산의 유동성을 증가시키며 보다 광범위한 투자자가 투자 기회에 참여할 수 있도록 합니다.

두 번째, **금융 거래의 효율성** 향상입니다. 토큰화된 자산을 뒷받침하는 분산원장 기술인 블록체인 기반 인프라는 스마트 계약을 통해 중개자를 제거하거나 최소화하고 거래를 자동화함으로써 거래, 청산 결제와 같은 다양한 프로세스를 간소화할 수 있습니다. 이렇게 향상된 효율성은 비용 절감과 금융 거래 실행 시간 단축으로 이어질 수 있습니다.

세 번째, **금융 거래의 투명성** 향상입니다. 블록체인 기술의 투명한 특성으로 인해 거래에 관련된 모든 당사자가 실시간으로 동일한 정보에 액세스 access 할 수 있습니다. 이렇게 향상된 투명성은 신뢰를 높이고 사기의 가능성을 줄이며 투자자들 사이에서 더 현명한 의사 결정을 할 수 있도록 합니다.

네 번째, **향상된 접근성**입니다. 토큰화는 최소 투자 금액과 중개자의 필요성과 같은 진입 장벽을 낮추어 투자 기회에 대한 접근성을 민주화할 수 있습니다. 이를 통해 소규모 일반 투자자를 포함한 더 넓은 범위의 투자자가 금융 시장에 참여하고 다양한 자산 클래스의 수익 혜택을 누릴 수 있습니다.

다섯 번째, **향상된 보안성**입니다. 블록체인 기술은 토큰화된 자산의 트랜잭션과 소유권을 기록하기 위한 안전하고 위조 방지된 분산 원장을 제공합니다. 이를 통해 사기, 절도 및 무단 액세스 access의 위험을 줄이고 자산 및 금융 거래의 무결성과 안전을 보장할 수 있습니다.

여섯 번째, **프로그래밍 가능한 측면**입니다. 토큰화된 자산은 스마트 계약과 함께 내장될 수 있습니다. 스마트 계약은 계약 조건이 프로그래밍 코드로 직접 작성된 자체 실행 계약입니다. 이 프로그래밍 기능을 통해 자동 배당금 지급, 이자 발생, 특정 투자자 요구에 맞는 맞춤형 투자 상품과 같은 새로운 금융 상품을 만들 수 있습니다.

일곱 번째, **글로벌 시장 접근성 측면**입니다. 토큰화는 지리적 장벽을 허물고 글로벌 시장 접근을 가능하게 함으로써 국경 간 거래 및 투자를 촉진할 수 있습니다. 이는 자본 흐름 증가, 위험 분산 및 새로운 투자 기회 창출로 이어질 수 있습니다.

여덟 번째, **규제 준수성**입니다. 블록체인 기술은 규제 준수와 보고 프로세스를 자동화하고 효율화하는 데 도움이 됩니다. 토큰화된 자산은 신분

토큰캐피털리즘

확인(KYC) 및 자금세탁방지(AML) 요구 사항과 같은 특정 규정을 준수하도록 설계되어 관련 규칙과 지침을 준수하도록 할 수 있습니다.

요약해 보면, 전통적인 금융 자산의 토큰화는 금융 시장에서 유동성, 효율성, 투명성, 접근성, 보안성을 향상시킬 수 있습니다. 블록체인 기술의 고유한 기능을 활용함으로써 토큰화는 금융 자산의 관리, 거래 및 규제되는 방식을 혁신할 수 있는 잠재력을 가지고 있습니다.

블록체인 기반 토큰 증권의 경제적 효과 중 금융 거래의 방식을 혁신하여 기존 금융 시스템에 비해 향상된 효율성과 투명성을 어떻게 제공하며 향상시킬 수 있는지 좀 더 상세히 살펴보도록 하겠습니다. 특히, 증권 거래 중심으로 블록체인 기술이 금융 거래의 효율성과 투명성을 향상시키는 방법을 집중적으로 알아보도록 하겠습니다.

1-1. 효율성 측면

A 트랜잭션 transaction 비용 절감

분산원장 기술인 블록체인의 주요 장점 중 하나는 은행, 브로커, 청산소와 같은 중개인을 제거하여 거래 비용을 줄일 수 있습니다. 전통적인 금융 시스템에서 중개자는 거래를 촉진하고 당사자 간의 신뢰를 보장하는 데 중요한 역할을 합니다. 반면, 중개자 개입에 따른 추가 비용과 처리시간 지연도 간과할 수 없는 것이 현실입니다(Tapscott & Tapscott, 2016). 블록체인 기반 토큰 증권은 분산된 피어 투 피어 Peer to Peer 네트워크를 사용하여 트랜잭션 transaction을 검증하고 기록함으로써 관련 비용을 크게 절감하고 거래 프로세스를 간소화할 수 있습니다(Kaal & Dell'Erba, 2019).

예를 들어, 오버스탁닷컴 Overstock.com의 블록체인 자회사인 티제로 tZERO는 투자자가 토큰 증권을 직접 거래할 수 있는 대체 거래 시스템 (Alternative Trading System, ATS)을 구축하였으며, 전통적인 중개인을 제거함으로써 티제로 tZERO는 거래 정산 시간을 이틀에서 거의 즉각적으로 처리할 수 있도록 단축하여 운영함으로써 중개자 개입에 따른 추가 비용을 절감하고 처리시간 지연도 혁신적으로 개선할 수 있었습니다.

Ⓑ 간소화된 프로세스

전통적인 증권 거래에서는 다양한 중개인들이 거래를 검증하고 처리해야 하기 때문에 거래 결제에 수일이 걸리는 경우가 많습니다. 반면, 블록체인 기술은 계약조건을 코드로 직접 작성하여 자체적으로 계약을 체결하는 스마트 계약 활용을 통해 거의 실시간으로 결제가 가능합니다 (Swan, 2015). 스마트 계약서에 명시된 조건이 충족되면 계약이 자동으로 실행돼 보다 빠르고 효율적인 정산 절차가 가능합니다. 또한 자동으로 실행될 수 있는 규정 준수 요구 사항이 포함되어 규정 준수를 보장하고 수동 감독을 줄여 간소화된 거래 프로세스로 진행할 수 있습니다.

예를 들어, 앞서 사례 분석에서 살펴보았듯이 블록체인에서 디지털 증권을 발행하고 관리하는 플랫폼인 시큐리타이즈 Securitize[1]는 스마트 계약을 사용하여 거래 중 규정 준수 프로세스를 자동화하여 운영 중에 있습니다. 시큐리타이즈의 DS(Digital Securities) 프로토콜은 모든 거래가 관련 규정을 준수하는지 자동으로 확인하여 수동 확인의 필요성을 없애고 거래를 더 빠르고 효율적으로 만들고 있습니다. 또한 토큰 증권 발행 플랫

---

1 Securitize는 2018년 3월 미국에 설립되어 블록체인을 활용한 디지털 증권 발행 종합 플랫폼 기술을 개발하는 회사입니다. 블록체인캐피털, 코인베이스, SBI, 노무라 등 해외 유명 벤처 캐피털로부터 $26.8M 이상의 투자를 받았습니다.

폼인 폴리매스 Polymath는 ST-20[2] 토큰 표준에 규정 준수 기능을 내장하고 있습니다. 이 표준은 승인된 지갑 간의 거래만 제한하도록 프로그래밍되어 규정 준수를 자동화하고 비준수 거래의 가능성을 제거하고 있습니다.

1-2. 투명성 측면

Ⓐ 불변 기록 유지

블록체인 기술의 핵심 특징은 불변하고 투명한 거래 기록을 제공할 수 있다는 것입니다. 거래가 블록체인에 기록되면 변경하거나 삭제할 수 없으므로 네트워크의 모든 참여자들이 액세스하고 확인할 수 있는 변조 방지 감사 추적이 생성됩니다(Mougayar, 2016). 이는 모든 트랜잭션을 추적 가능하게 하여 완벽한 감사 추적을 생성합니다. 규제 기관과 감사 기관에 도움이 될 수 있으며 발행자와 거래자의 책임을 강화할 수 있습니다. 이렇게 투명성이 향상되면 부정 행위를 줄이고 토큰 증권 거래의 규정 준수를 확실히 개선할 수 있습니다.

예를 들어, 프랑스 금융시장 감독 기관인 Autorité des marchés fi-

---

2   Polymath의 ST-20 토큰 표준은 블록체인 네트워크에서 토큰 증권의 생성 및 발행을 관리하도록 설계된 일련의 규칙 및 프로토콜입니다. ST-20 토큰은 증권 발행 및 거래에 대한 규제 요구 사항을 준수하는 특징과 기능을 제공하는 증권 제공을 위해 특별히 맞춤화되어 있습니다. 이 표준에는 투자자 인증 확인, 양도 제한, 규제 준수 조치 등의 기능이 내장되어 있어 발행자가 주식, 채권, 부동산, 펀드를 포함한 다양한 유형의 자산을 법적 준수 방식으로 토큰화할 수 있습니다. ST-20 토큰은 기존 블록체인 플랫폼과 호환되므로 기업이 보다 쉽게 자산을 토큰화하고 글로벌 투자자 풀에 접근할 수 있으며 발행 및 거래 프로세스 전반에 걸쳐 규제 준수를 보장할 수 있습니다.

nanciers(AMF)는 블록체인 기술을 사용하여 비상장 기업의 자금 조달 활동에 대한 감사의 추적 가능성을 높이고 있습니다. 그들은 토큰 증권의 발행 및 거래와 관련된 모든 거래를 블록체인에 기록하는 새로운 시스템을 구축하여 모든 거래에 대해 변경 불가능하고 쉽게 감사할 수 있는 기록을 생성 관리하고 있습니다.

B 향상된 가격 검색

자산의 가격이 구매자와 판매자의 상호작용에 의해 결정되는 과정인 가격 검색은 효율적인 금융 시장을 위해 필수적입니다. 블록체인 기술은 거래 및 보유에 대한 투명한 실시간 정보를 제공함으로써 가격 검색을 개선할 수 있습니다(Kakavand et al., 2017). 블록체인은 네트워크에서 이루어진 모든 트랜잭션을 실시간으로 기록하는 분산 원장입니다. 이를 통해 모든 참가자는 정확한 최신 데이터에 즉시 액세스할 수 있으며, 최신 정보에 대한 액세스가 증가함에 따라 시장 참가자들은 더 많은 정보에 입각한 의사 결정을 내릴 수 있고 이를 통해 더 나은 가격 검색과 더 효율적인 자원 배분을 실현할 수 있습니다.

예를 들어, 벤처 캐피털 기업인 블록체인 캐피털 Blockchain Capital[3]은 2017년 4월 벤처펀드 지분을 나타내는 토큰 증권(BCAP)을 발행해 천만 달러($10M)의 자금을 모집했습니다. 벤처 캐피털이 처음으로 토큰을

---

3 Blockchain Capital은 2013년 10월 바트 스티븐스과 브래드포드 스티븐스이 공동 설립한 기업으로서 블록체인 투자를 전문으로 하는 미국 샌프란시스코에 있는 투자업체입니다.

발행한 사례였는데, ICO 자문사로 유명한 아라곤 그룹 Aragon Group[4]
과 합작으로 이루어졌습니다. 6시간만에 완판하며 성공적으로 자금모집
을 마친 BCAP의 투자자들 중에서는 실리콘 밸리의 유명한 엔젤 투자자
들이 다수 포함되어 있었습니다. 2018년에는 'Blockchain Capital IV
LP fund'를 추가적으로 결성하며 총 1억 5천만 달러($150M)를 모집했습
니다. 여기서 가장 중요한 포인트 중에 하나가 토큰 보유자는 토큰의 순
자산 가치(NAV)에 실시간으로 액세스할 수 있어 투자에 대한 정확한 최신
정보를 얻을 수 있었다는 것입니다.

　반면, 이러한 상당한 이점에도 불구하고 현실적으로 블록체인 기반 토
큰 증권을 채택하는 데에도 해결해야 할 문제는 있습니다. 각 국가별 규
제의 모호성, 기술적 복잡성, 확장성 문제, 대중의 인식 등은 토큰 증권의
채택을 늦출 수 있는 요인 중 하나입니다. 또한 블록체인의 투명성은 많
은 이점을 제공하지만 신중하게 접근하고 관리해야 하는 개인 정보 보호

4　Aragon은 Ethereum 블록체인을 기반으로 구축된 분산형 자율 조직(DAO) 플랫폼입니다. 이는 개인과
　조직이 전통적인 계층 구조 없이 회사와 같은 분산된 개체를 만들고 관리할 수 있는 도구와 인프라를 제공
　하는 것을 목표로 합니다. Aragon 플랫폼을 사용하면 사용자는 Ethereum 블록체인의 스마트 계약에 의
　해 시행되는 맞춤형 거버넌스 구조, 의사결정 프로세스 및 투표 메커니즘을 갖춘 디지털 조직을 만들 수 있
　습니다.
　Aragon Group은 Aragon 플랫폼의 개발 및 거버넌스와 관련된 개발자, 사용자 및 이해관계자의 커뮤니
　티를 의미합니다. 이 커뮤니티는 플랫폼의 기능을 향상하고, 유용성을 개선하며, 발생하는 모든 문제나 과
　제를 해결하기 위해 협력합니다. Aragon 그룹은 토큰 기반 투표와 같은 분산형 거버넌스 메커니즘을 통해
　종종 의사 결정 프로세스가 수행되는 분권화, 투명성 및 포괄성에 대한 강력한 의지의 표현으로 잘 알려져
　있습니다.
　전반적으로 Aragon은 개인과 조직이 분산형 개체를 생성하고 관리할 수 있는 플랫폼을 제공하며,
　Aragon 그룹은 플랫폼의 지속적인 개발 및 거버넌스에서 중요한 역할을 합니다.

문제를 제기할 수도 있습니다.

　요컨대, 블록체인 기반의 토큰 증권은 증권 시장에서 금융 거래의 효율성과 투명성을 크게 향상시킬 수 있는 잠재력을 가지고 있지만, 이 잠재력은 규제, 기술과 사회적 요인에 주의를 기울일 때만 완벽히 실현될 수 있음을 상기해야 할 것입니다. 블록체인 기술은 거래 비용 절감, 결제 시간 단축, 불변의 거래 기록 제공, 가격 발견 개선을 통해 증권 거래 및 관리 방식에 혁신을 가져올 수 있습니다. 기술이 계속 발전하고 관심을 끌면서, 금융 산업의 이해 관계자들은 블록체인 기반 혁신의 잠재력에 대한 정보와 대응력을 유지하는 것이 필수적이라 할 수 있습니다. 또한 시장 참여자들은 블록체인 기술의 이점을 활용하여 운영을 최적화하고, 투자자의 신뢰를 높이고, 보다 효율적이고 투명한 금융 시스템에 기여할 수 있습니다. 규제 환경이 이러한 새로운 발전을 수용하기 위해 진화함에 따라 금융감독 당국과 업계 참가자들은 글로벌 경제에서 블록체인 기반 토큰 증권의 지속적인 성장과 성공을 보장하기 위해 지속적인 연구와 사려 깊은 토론으로 협력하는 것이 무엇보다 중요할 것입니다.

2 투자 기회 확대: 새로운 방식으로 투자

블록체인 기술을 기반으로 하는 토큰 증권은 기업이 자본에 새롭게 접근하고 투자자가 더 광범위한 투자 기회에 효율적이고 저비용적이며, 글로벌 투자에 쉽게 참여할 수 있는 혁신적인 방법을 제공합니다. 이러한 패러다임의 변화는 투자 자본을 찾는 스타트업, 독특한 투자 기회를 찾는 투자자, 전통적으로 비유동 자산의 접근성과 유동성을 높이는 등 여러 영역에서 나타나고 있습니다. 이 섹션에서는 토큰 증권이 자본 및 투자 기회에 대한 접근을 대중화하고 민주화하여 보다 포괄적이고 다양한 금융 시장을 이끄는 데 어떻게 도움이 될 수 있는지 자세히 살펴보도록 하겠습니다.

2-1. 자본에 대한 접근

A 기업의 진입 장벽 감소

기업공개(Initial Public Offering)[5] 또는 부채조달(기업이 외부로부터 돈을 빌려오는 것을 말함. 이는 은행이나 금융기관으로부터 대출을 받거나, 회사채를 발행하여 자금을 조달하는 방식), 내부조달(기업이 자체적으로 확보한 자금을 이용하는 것을 말함. 내부 자금은 기업의 이익 또는 자본적립으로 생성되는 자금을 의미)과 같은 전통적인 방법을 통해 자본을 조달하는 것은 특히, 중소기업(Small and Medium-sized Enterprises)의 경우 시간과 비용이 많이 소요될 수 있습니다(Catalini & Gans, 2018). 토큰 증권 오

---

5 기업공개(IPO)란 기업이 자본을 조달하기 위해 주식을 발행하는 것으로, 기업은 주식을 발행하여 주주들에게 판매하고, 그 대가로 자본을 받습니다. 이는 주주들에게 기업의 소유권을 부여하고, 주주들은 기업의 이익에 따라 배당금을 받을 수 있는 권리를 갖습니다.

퍼링(Security Token Offering)은 기업이 초기 비용을 낮추고 프로세스를 간소화하면서 자본을 보다 손쉽게 조달할 수 있는 대안적인 방법을 제공할 수 있습니다. 토큰 증권은 자본 시장의 진입 장벽을 낮춤으로써 더 광범위한 기업이 자금에 좀 더 쉽게 접근하고 혁신을 추진할 수 있도록 합니다.

예를 들어, 앞서 실제 사례에서 살펴본 2017년 설립된 SPICE[6]는 투자자들에게 블록체인 및 토큰화 생태계의 대규모 성장에 대한 Exposure(금융 기관이나 투자자가 위험 요소에 대해 노출된 정도를 측정하여 위험 관리와 투자 결정에 활용하는 개념)을 제공하는 벤처 캐피털 회사이고, Spice VC는 토큰 증권을 활용하여 자본을 조달하는 벤처 캐피털 펀드입니다. 펀드의 지분을 나타내는 토큰을 발행하여 투자자에게 신생 기업 포트폴리오에 대한 Exposure를 제공합니다. 이 방법을 통해 Spice VC는 글로벌하고 효율적이며 투명한 방식으로 자본을 조달할 수 있었습니다.

B Global 범위와 국경 없는 투자

분산원장 기술인 블록체인은 국경 없는 거래를 가능하게 하여 기업이 토큰 증권 오퍼링(STO)을 통해 글로벌 투자자 풀 pool 에 손쉽게 접근할 수 있도록 합니다. 자본에 대한 이러한 확장된 접근은 기업이 지역적인 자금 조달 한계를 극복하고, 잠재적인 투자자의 더 큰 시장을 활용하는

---

6 SPICE는 벤처 캐피털 회사로, 주로 신생 기술 기업에 투자하는 역할을 합니다. SPICE는 "Smart People Inventing Crazy Experiences"의 약어로, 혁신적인 기술 및 경험을 창조하는 지능적인 사람들을 지원하는 데 중점을 둡니다. SPICE VC는 주로 이스라엘과 미국을 중심으로 활동하며, 특히 소프트웨어, 하드웨어, 인공 지능, 사물 인터넷 등 다양한 분야의 스타트업에 투자하고 있습니다.

데 도움이 됩니다. 토큰 증권은 글로벌 규모로 거래될 수 있어 전 세계 투자자들은 더 다양한 투자 기회에 노출되어 더 확장된 금융 통합을 촉진할 수 있습니다.

예를 들어, 세계은행과 호주의 최대 은행인 CBA(Commonwealth Bank of Australia)가 블록체인 기술을 이용해 공채를 발행했다고 2018년 8월 23일 로이터가 전했습니다.[7] 세계은행은 세계 최초의 공개 블록체인 채권인 "Bondi"(Blockchain Operated New Debt Instrument)를 디지털 통화와 기술의 혜택을 활용하여 채권 발행과 관련된 프로세스를 혁신하는 데 초점을 맞추고 있으며, 이 프로젝트는 세계은행의 핀테크 FinTech 및 블록체인 이니셔티브 initiative의 일환으로 진행되었습니다. Bondi는 공개 블록체인 플랫폼인 스텔라 Stellar[8] 네트워크를 기반으로 구축되었고, Stellar는

---

7 출처: https://www.fntoday.co.kr/news/articleView.html?idxno=168356 기사 요약 및 발췌 (2023년 9월 3일 검색)

8 Stellar는 국경 간 거래를 촉진하고 암호화폐 및 법정화폐를 포함한 디지털 자산을 빠르고 비용 효율적으로 이전하는 것을 목표로 하는 블록체인 플랫폼입니다. 2014년 Jed McCaleb과 Joyce Kim이 만들었습니다. Stellar의 주요 기능 중 하나는 전 세계의 다양한 개인과 조직이 운영하는 서버 네트워크로 구성된 분산형 네트워크입니다. 이 서버는 Stellar 네트워크의 모든 거래가 포함된 공유 원장을 유지하여 투명성과 보안을 보장합니다.
Stellar의 기본 암호화폐는 Lumens(XLM)라고 하며, 이는 거래를 촉진하고 네트워크에서 스팸을 방지하는 데 사용됩니다. 루멘스는 플랫폼에서 다양한 자산을 교환하기 위한 브리지 통화 역할도 할 수 있습니다. Stellar의 독특한 기능 중 하나는 내장형 분산형 거래소로, 이를 통해 사용자는 중개자 없이 네트워크에서 직접 다양한 자산을 거래할 수 있습니다. 이 기능을 통해 원활한 자산 교환 및 유동성 제공이 가능합니다. Stellar는 또한 부동산, 주식 또는 상품과 같은 모든 유형의 자산을 나타낼 수 있는 맞춤형 토큰 생성을 지원합니다. 이러한 토큰은 Stellar 네트워크에서 발행, 전송 및 거래될 수 있어 사용자에게 광범위한 금융 기회를 제공합니다. 전반적으로 Stellar는 국경 간 결제를 촉진하고 빠르고 안전하며 비용 효율적인 방식으로 디지털 자산의 생성 및 교환을 가능하게 하는 개방적이고 접근 가능한 플랫폼을 제공하는 것을 목표로 합니다.

토큰캐피털리즘

금융 거래 및 자산 교환에 특화된 분산형 금융 기술을 제공하는 블록체인 플랫폼으로 알려져 있습니다. 이를 통해 Bondi는 전 세계적으로 신속하고 안정적인 채권 거래를 가능하게 했습니다. 이 발행으로 1억 1천만 호주 달러가 모금되었는데 다양한 지역의 투자자를 유치하여 블록체인이 글로벌 자본에 접근할 수 있는 잠재력을 보여주었습니다. 또한 Bondi의 발행은 글로벌 자본 시장에 새로운 기회를 제공할 것으로 기대되고 있습니다.

2-2. 투자 기회

부분 소유와 유동성 증가

토큰 증권은 부동산, 예술품 또는 지적 재산과 같은 다양한 유형의 자산 토큰화를 가능하게 하여 부분적인 소유권과 유동성 증가를 가능하게 합니다(Rohr & Wright, 2019). 기존에는 높은 진입비용이나 유동성 제한 등으로 개인투자자가 접근하기 어려웠던 이들 자산의 일부 지분을 일반 투자자가 매입해 거래할 수 있습니다. 이렇게 증가된 유동성과 접근성은 투자 기회를 대중화하고 민주화하여 잠재적 투자자의 풀 pool 을 넓히는 데 도움이 될 수 있습니다.

예를 들어, 앞서 사례 분석에서 살펴본 메세나스 *Maecenas*는 미술품을 토큰화하여 투자자가 미술품의 소수 지분을 구매할 수 있도록 하는 플랫폼입니다. 이 플랫폼은 블록체인 기술을 활용하여 작품 소유권을 디지털 토큰으로 발행하고 거래할 수 있게 합니다. 이렇게 함으로써 작품 소유권의 투명성과 유동성을 향상시키며, 예술 작품에 대한 투자 기회를 일반 개인들에게 제공합니다. Maecenas 플랫폼은 주로 예술 작품 시장에서 존재하는 일반적으로 문제라고 인식되고 있는 것을 해결하기 위해 만들어졌습니다. 일반적으로 예술 작품은 높은 가격으로 거래되며, 작품 소유권의 분산과 유동성이 낮은 편입니다. 이에 따라 예술 작품에 대한 투자는 상대적으로 소수의 부유한 개인들에게만 가능한 것으로 여겨져 왔습니다. 작품 소유권을 작은 단위로 나누어 토큰화 함으로써, 일반 개인들에게 작품에 대한 부분 소유권을 구매할 수 있도록 했습니다. 이는 예술 작품에 대한 투자를 더욱 포괄적으로 접근 가능하게 해주고, 블록체인 기술을 활용하여 작품 소유권의 이전과 거래를 투명하게 기록하고 추적할 수 있도록 했습니다. 매수자는 Maecenas 플랫폼을 통해 작품 소유권 토큰을 구매하고 보유할 수 있으며, 작가나 소유자는 자신의 작품을 플랫폼에 등록하여 토큰화할 수 있습니다. 그리고 이를 통해 작가와 투자자 간의 중개역할을 하는 중개인이나 갤러리 등의 중간 단계를 거치지 않고 작품에 직접 투자할 수 있습니다. Maecenas는 순수 미술에 대한 투자를 보다 쉽게 접근할 수 있게 하고, 다수의 투자자가 참여함으로써 전통적으로 비유동적인 시장에 유동성을 제공할 수 있게 된 것입니다.

B 포트폴리오 다양화

토큰 증권의 등장은 투자자들에게 광범위한 자산과 산업에 투자함으로써 포트폴리오를 다양화할 수 있는 기회를 제공합니다(Momtaz, 2021). 토큰 증권은 이전에 유동성이 낮거나 접근하기 어려운 자산에 대한 쉬운 접근성을 제공함으로써 투자자들이 보다 다양하고 탄력적인 포트폴리오를 구축하여 위험을 줄이고 장기적으로 수익률을 높일 수 있도록 시장을 형성하고 있습니다. 일상생활에서 우리가 알고 있는 부동산 시장은 문턱이 높고 비유동적인 투자로 인식되고 있으나, 부동산 자산의 토큰화는 부분 소유권을 허용하여 일반 투자자들의 진입 장벽을 낮추고 부동산 시장의 유동성에 활력을 불어넣는 역할을 하고 있습니다.

앞서 실제 사례에서 살펴본 것 외에 현재 운영되고 있는 대표적인 것으로 리얼티 RealT는 투자자가 임대 부동산의 지분을 토큰 형태로 구매할 수 있는 미국의 부동산 토큰화 플랫폼입니다. 이 플랫폼은 블록체인 기술을 활용하여 부동산 자산을 디지털 토큰으로 분할하고, 투자자들이 이 토큰을 구매하여 부동산에 투자할 수 있는 기회를 제공합니다. 이렇게 토큰화된 부동산은 일반적으로 토큰 소유자에게 임대 수익이나 부동산 가치 상승에 따른 수익을 제공합니다. 리얼티 RealT 플랫폼은 투자자들에게 저비용으로 다양한 부동산 투자 기회를 제공하는 것을 목표로 하며, 이를 위해 실제 부동산을 토큰화하는 과정에서 블록체인 기술과 스마트 계약을 활용하여 투명하고 효율적인 거래가 되도록 하고 있습니다. 리얼티 RealT 플랫폼을 통해 투자자는 인터넷 연결만 있으면 언제 어디서든지 부동산에 투자할 수 있습니다. 또한, 투자자는 토큰 소유권을 갖게 되어 부동산에 대한 가치 변동을 실시간으로 파악이 가능하고 투자 수익을 손쉽게 처리할 수 있습니다. 이러한 플랫폼은 부동산 투자에 대한 진입장벽을 낮춰 접근성을 높이고, 투자 포트폴리오의 다변화에 도움을 줌으로써 개인 투자자들에게 좀 더 다양한 투자 기회를 제공합니다.

또 다른 형태로 전통적인 펀드는 최소 투자 요건이 상당히 높을 수 있는데, 토큰화는 이러한 펀드의 일부 소유권을 가능하게 하여 최소 투자 요건을 낮추고 일반 투자자에게 투자 기회를 더 많이 갖도록 하고 있습니다. 그리고 대규모 인프라 프로젝트 분야는 특히, 신흥 경제국에서 충분한 투자를 유치하는 데 어려움을 겪는 경우가 많습니다. 재생 가능 에너지 설치 또는 주택 개발과 같은 인프라 프로젝트의 토큰화는 이러한 투자 기회를 글로벌 투자자 풀 pool 에 개방함으로써 이러한 문제를 해결하는 데 솔루션을 제공할 수 있습니다. 이에 대한 실사례로 분산원장 기술인 블록체인을 사용하여 비즈니스에 대체 금융 솔루션에 대한 처리를 제공하는 핀테크 회사인 위오운 WeOwn이 있습니다. 위오운 WeOwn[9]을 통해 기업은 디지털 자산을 효율적으로 관리할 수 있으며, 블록체인 기술을 활용하여 디지털 자산의 발행, 관리 및 거래를 용이하게 하여 중개자의 필요성을 줄이고 관련 비용을 절감할 수 있습니다. 이 플랫폼은 기업과 투자자를 직접 연결하는 분산형 마켓플레이스 marketplace를 제공하고, 특히 전통적인 금융 서비스가 부족한 부문인 중소기업에 안성맞춤 금융 서비스를 제공하고 있습니다. 또한 WeOwn의 플랫폼은 규정 준수에 중점을 두고 구축되어, 디지털 주주 등록, 투표 및 배당금 지급과 같은 서비스

---

9 이전에 Chainium으로 알려진 WeOwn은 자본 시장을 위한 블록체인 기반 솔루션을 전문으로 하는 핀테크 회사입니다. 2017년에 설립된 이 회사는 기업이 더 쉽게 자금을 조달하고 투자자가 투자 기회에 참여할 수 있도록 블록체인 기술을 활용하여 자본에 대한 접근을 민주화하는 것을 목표로 합니다. WeOwn의 주요 서비스 중 하나는 주식, 채권, 부동산과 같은 자산의 토큰화를 가능하게 하는 독점 블록체인 플랫폼입니다. WeOwn은 자산을 토큰화함으로써 유동성을 높이고 거래 비용을 줄이며 증권 발행 및 거래 프로세스를 간소화하는 것을 목표로 합니다. WeOwn의 플랫폼에는 불변의 기록 보관 및 스마트 계약 기능과 같이 투명성과 보안을 강화하도록 설계된 기능도 포함되어 있습니다. 이러한 기능은 발행자와 투자자 간의 신뢰를 구축하고 사기 또는 조작의 위험을 줄이는 데 도움이 됩니다.

를 제공하며 이해관계자 모두가 쉽게 추적하고 감시할 수 있으므로 투명
성을 보장하고 있습니다.

블록체인 기반 토큰 증권은 자본 조달 및 시장 참가자들의 진입 장벽
을 낮추고, 기업과 투자자의 글로벌 진출을 가능하게 하며, 부분 소유권
과 포트폴리오 다양화를 촉진함으로써 투자 기회에 대한 액세스 access
를 혁신할 수 있는 잠재력을 가지고 있습니다. 토큰 증권의 도입이 계속
증가함에 따라 기업, 투자자 및 규제 기관은 이 새로운 기술이 제공하는
고유한 이점을 이해하고 이에 적극 대응하는 것이 필요합니다. 시장 참가
자들은 토큰 증권의 잠재력을 십분 활용함으로써 보다 역동적인 금융 생
태계에 기여하여 궁극적으로 세계 경제에 활력을 불어넣어 줄 수 있을 것
입니다.

블록체인 기반 토큰 증권은 탈중앙화와 중개 감소로 증권 거래에 대한 새로운 접근 방식을 제공합니다. 탈중앙화는 여러 노드 또는 참가자에게 제어권과 권한을 분산하는 프로세스로 블록체인 기술의 핵심 기능입니다. 이 섹션에서는 비용 절감, 리스크 감소 및 시장 효율성 향상에 중점을 두고 토큰 증권 거래의 맥락에서 탈중앙화 및 중개 감소의 잠재적 이점을 심층적으로 살펴보도록 하겠습니다.

3-1. 탈중앙화(Decentralization)

Ⓐ 단일 장애 지점 제거

분산원장 기술인 블록체인의 핵심은 탈중앙화 기술입니다. 중앙 서버가 아닌 노드들의 네트워크에서 작동하며 트랜잭션은 이러한 노드 간의 합의에 의해 검증됩니다. 블록체인 기반 토큰 증권을 뒷받침하는 분산된 네트워크는 중앙 기관이 아닌 분산된 원장에 의존하여 트랜잭션을 검증하고 기록합니다(Manski, 2017). 따라서 단일 장애 지점의 위험이 제거되어 시스템이 공격, 데이터 침해 또는 기술적 장애에 대해 보다 탄력적으로 대응할 수 있습니다. 분산형 네트워크에 의해 제공되는 강화된 보안은 시장 참여자들 사이에 신뢰를 구축하고 토큰 증권의 광범위한 사용을 촉진하는 데 도움이 될 수 있습니다.

비트코인은 블록체인을 최초로 적용한 대표적인 탈중앙화 사례입니다. 비트코인 거래는 비트코인 채굴자 네트워크에 의해 처리되므로 중앙

은행이나 기타 금융 중개자가 필요하지 않습니다. 이더리움 Ethereum 은 분산된 애플리케이션 application을 구축하기 위한 오픈 소스 블록체인 플랫폼으로써, 이더리움의 스마트 계약 기능은 계약의 분산 실행을 허용하여 분산 응용 프로그램(DApp) 및 분산 자율 조직(DAO)의 기반을 제공합니다. 이더리움은 비트코인과는 다른 방식으로 작동하는데, 비트코인은 단순한 디지털 화폐 시스템이지만, 이더리움은 플랫폼 자체가 자율적인 애플리케이션을 실행할 수 있는 컴퓨터와 같은 역할을 합니다. 이더리움의 토큰인 '이더(ETH)'는 블록체인을 사용하여 스마트 계약을 실행하는 데 사용되는 가치의 교환 매체입니다. 이더리움은 스마트 계약을 통해 중개자 없이 거래를 처리할 수 있으며, 블록체인의 투명성과 보안 기능을 활용합니다. 스마트 계약은 프로그래밍된 규칙과 조건에 따라 자동으로 실행되므로 신뢰성과 신속성이 향상됩니다. 이더리움 플랫폼은 다양한 분야에서 사용될 수 있으며, 탈중앙화된 애플리케이션(DApp) 개발, 탈중앙화된 금융(DeFi), 게임, 예술 및 신원 확인 등 다양한 영역에서 활용되고 있습니다.

이더리움은 개발자들이 자체적으로 스마트 계약 및 탈중앙화된 애플리케이션을 구축하고 배포할 수 있는 개방형 플랫폼입니다. 또한 이더리움은 이더리움 가상 머신(Ethereum Virtual Machine, EVM)이라는 독립적인 실행 환경을 제공하여 스마트 계약의 실행을 가능하게 합니다. 이더리움은 초기에는 작업증명(Proof of Work)[10] 기반의 채굴 알고리즘을 사용하였지

---

10 작업 증명(PoW)은 블록체인 네트워크에서 거래를 검증 및 확인하고 네트워크를 보호하는 데 사용되는

만, 나중에 지분증명(Proof of Stake)[11] 기반인 이더리움 Ethereum 2.0으로 업그레이드되었습니다. 이더리움 Ethereum 2.0은 블록체인의 확장성과 보안성을 향상시키기 위한 업그레이드로, 채굴 대신 보유한 이더 ETH를 스테이킹(보유한 암호화폐의 일정량을 지분으로 고정하는 것으로, 암호화폐 보유자는 가격의 등락과 상관없이 암호화폐를 예치하고 예치 기간동안 일정 수준의 수익을 얻는 것) staking하여 네트워크를 운영하는 방식입니다. 이더리움은 블록체인 기술의 활용을 통해 탈중앙화와 개인의 소유권을 강조하는 새로운 경제 모델을 제시하고 있습니다. 다양한 분야에서 활발한 개발과 혁신이 이루어지고 있으며, 전 세계적으로 많은 개발자들과 기업들이 이더리움을 기반으로 다양한 서비스와 애플리케이션을 개발하고 있습니다.

합의 메커니즘입니다. PoW 시스템에서 채굴자로 알려진 참가자는 블록체인에 새로운 거래 블록을 추가하기 위해 복잡한 수학적 퍼즐을 풀기 위해 경쟁합니다. 퍼즐을 풀고 블록을 검증한 최초의 채굴자는 새로 발행된 암호화폐와 거래 수수료로 보상을 받습니다. PoW의 주요 아이디어는 새로운 블록을 생성하는 데 계산 비용이 많이 들도록 함으로써 악의적인 행위자가 블록체인을 조작하려는 시도를 막는 것입니다. 또한 PoW는 채굴자가 상당한 계산 리소스를 투자하도록 요구하여 단일 개체가 네트워크를 제어하기 어렵게 만들어 블록체인이 분산된 상태를 유지하도록 보장합니다.

11 지분 증명(PoS)은 블록체인 네트워크에서 거래를 검증 및 확인하고 네트워크를 보호하는 데 사용되는 합의 메커니즘입니다. 채굴자가 복잡한 수학적 퍼즐을 풀기 위해 경쟁하는 작업 증명(PoW)과 달리 PoS는 보유하고 있는 암호화폐의 양을 기반으로 새로운 블록을 생성하고 거래를 검증하도록 선택된 검증자에 의존하며 담보로 "스테이킹"하게 됩니다. PoS 시스템에서 검증인은 보증금 역할을 하는 일정량의 암호화폐를 스테이크로 잠급니다. 그런 다음 프로토콜은 검증자를 무작위로 선택하여 새로운 블록을 생성하고 스테이크 크기에 따라 트랜잭션을 검증합니다. 검증인은 네트워크 보안에 참여한 대가로 거래 수수료와 새로 발행된 암호화폐로 보상을 받습니다. PoS는 트랜잭션을 검증하기 위해 집중적인 계산 리소스가 필요하지 않기 때문에 PoW에 비해 에너지 효율적이고 확장 가능하도록 설계되었습니다. 또한 PoS는 참가자가 암호화폐를 보유하고 스테이킹하도록 장려하여 단일 주체가 네트워크를 제어할 가능성을 줄임으로써 분산화를 촉진하는 것을 목표로 합니다.

Ⓑ 시장 참가자에 대한 통제력 향상

탈중앙화를 통해 시장 참가자는 중개자에 의존하지 않고 거래 프로세스에 직접 참여할 수 있습니다(Swan, 2015). 시장 참여자에게 더 큰 통제권을 제공함으로써 트랜잭션을 보다 효과적으로 제어할 수 있으므로, 참가자들은 보다 많은 정보에 입각한 결정을 내리고 서로 직접 협상할 수 있습니다. 결국 시장 참가자들은 잠재적으로 거래에서 더 좋은 조건의 가격과 더 유리한 조건을 달성할 수 있습니다.

블록체인 기술로 인한 탈중앙화는 사용자 제어를 크게 향상시키고 혁신과 금융 포용을 촉진하고 시장 효율성을 향상시킬 수 있습니다. 이러한 장점은 보다 효율적인 경제 시스템으로 이어질 수 있습니다. 그러나 규제의 불확실성, 기술적 문제, 사용자 교육 및 인식의 필요성 등의 과제가 남아 있습니다. 분산화의 이점을 완전히 실현하려면 이러한 문제를 해결해야 합니다.

3-2. 중개 감소(Reduced Intermediation)

Ⓐ 비용 절감

블록체인 기반 토큰 증권은 은행, 브로커 broker, 청산소 등 중개인의 필요성을 줄임으로써 거래 비용을 크게 낮출 수 있습니다(Tapscott & Tapscott, 2016). 블록체인은 거래를 투명하고 변경 불가능하게 하여 안전한 원장을 제공함으로써 당사자 간의 신뢰를 구축하는 것이 주요 역할인 중개자의 필요성을 제거할 수 있습니다. 중개인이 없어지면 수수료와 관리 비용이 절감될 뿐만 아니라 더 빠르고 비용 효율적인 거래로 이어질 수 있습니다. 이러한 비용 절감은 전통적인 금융 시장에서 진입 장벽이 높아지는 경우가 많은 중소기업(SME)에게 특히 유용할 수 있습니다.

예를 들어, 체인링크 Chainlink는 블록체인과 실제 세계의 데이터 및 서비스를 연결하는 분산형 오라클 네트워크입니다. 블록체인은 분산 원장 기술로 신뢰성과 보안을 제공하지만, 자체적으로는 외부 데이터에 대한 접근이 제한됩니다. 이 때문에 블록체인 기반의 스마트 계약이 실제 세계의 데이터에 액세스하려면 외부 데이터를 가져오는 기능이 필요합니다. Chainlink는 이러한 문제를 해결하기 위해 설계된 플랫폼입니다. Chainlink 네트워크는 블록체인과 실제 세계의 데이터를 연결해 주는 역할을 합니다. Chainlink는 분산형 오라클 네트워크로서, 여러 개의 노드들이 데이터를 가져오고 스마트 계약에 전달하는 역할을 수행합니다. Chainlink의 핵심 개념은 "오라클 oracle"입니다. 오라클은 외부 데이터를 블록체인으로 가져오고 스마트 계약에 제공하는 소프트웨어나 시스템을 의미합니다. Chainlink는 분산된 오라클 네트워크로써, 여러 개의 오라클이 데이터를 가져오고 신뢰할 수 있는 방식으로 스마트 계약에 제공합니다. 이를 위해 Chainlink는 다양한 데이터 공급자와 계약을 체결하고, 이러한 오라클들의 신뢰성을 확보하기 위한 암호화 기술과 경제적 인센티브 시스템을 사용합니다. Chainlink의 주요 목표는 실제 세계의 데이터를 신뢰성 있게 블록체인으로 가져오고 스마트 계약에서 이러한 데이터를 활용할 수 있게 하는 것입니다. 이를 통해 블록체인의 활용 범위를 확장하고, 블록체인 기반의 애플리케이션의 실용성을 높이는데 기여

토큰캐피털리즘

하고 있습니다. 따라서 신뢰할 수 있는 제3자가 이 데이터를 제공하고 확인할 필요가 없으므로 비용 절감 효과와 잠재적인 리스크를 제거할 수 있습니다.

B 위험 감소

중개인은 역사적으로 볼 때 다양한 금융 스캔들과 부정에 연루되는 경우가 많기 때문에 중개인 감소는 사기와 부정 행위의 위험을 낮출 수 있습니다(Kaal & Dell'Erba, 2019). 블록체인 기술은 시장 참여자들 간의 직접 거래를 가능하게 하고 모든 거래에 대한 불변의 투명한 기록을 제공함으로써 부정 행위의 위험을 줄이고 보다 신뢰할 수 있는 금융 시스템을 촉진할 수 있습니다.

블록체인 기반 토큰 증권은 탈중앙화를 촉진하고 중개를 줄임으로써 증권 거래를 변화시킬 수 있는 잠재력을 가지고 있습니다. 단일 장애 지점을 제거하고, 시장 참가자에 대한 통제력을 강화하고, 거래 비용을 절감하고, 부정 행위의 위험을 줄임으로써, 분산화 기능을 통해 보다 효율적이고 안전하며 비용 효율적인 금융 시스템을 구축할 수 있습니다. 토큰 증권의 활용이 계속 증가함에 따라 기업, 투자자 및 규제 기관은 이 새로운 기술이 제공하는 고유한 이점을 이해하고 수용하는 자세가 금융 혁신을 촉진하고 시장 효율성을 향상시킬 수 있습니다.

결론적으로, 블록체인 기반 토큰 증권이 제공하는 탈중앙화 및 중개 감소는 증권 거래와 관리 방식을 크게 개선할 수 있습니다. 시장 참가자들은 분산화와 감소된 중개를 수용함으로써 보다 포괄적이고 강력한 금융 생태계를 개발하는 데 기여할 수 있습니다. 또한 블록체인 기반 토큰 증권이 제기하는 고유한 과제와 기회를 수용하기 위해 규제 환경이 발전함에 따라 시장 참가자들은 이러한 발전에 대한 정보와 대응력을 유지하는 것이 중요합니다. 기업, 투자자 및 규제 기관 간의 협업을 촉진함으로써 이해 관계자들은 토큰 증권을 글로벌 금융 시스템에 성공적으로 통합하고 이 혁신적인 기술의 잠재력을 최대한 활용할 수 있어야 할 것입니다.

4 　금융시장 안정성 제고: 위험 관리를 돕는 방법

위험 관리 및 재무 안정성은 금융과 투자 세계에서 가장 중요한 고려 사항입니다. 블록체인 기반 토큰 증권은 리스크 관리에 혁신을 일으키고 글로벌 경제 내 금융 안정성에 기여할 수 있는 잠재력을 가지고 있습니다. 토큰 증권은 투명성, 불변성 및 분산화와 같은 블록체인 기술의 고유한 기능을 활용하여 리스크 관리의 관행을 개선하고 금융 시장의 안정성을 높일 수 있습니다. 이 섹션에서는 리스크 평가, 완화 및 다양화를 중심으로 블록체인 기반 토큰 증권이 효과적인 리스크 관리를 지원하고 금융 안정성에 기여할 수 있는 방법에 대해 상세히 살펴보도록 하겠습니다.

4-1. 위험 평가(Risk Assessment)

A 투명성과 데이터 품질 향상

분산원장 기술인 블록체인은 금융 거래의 투명성을 높여 시장 참여자들이 정확한 실시간 데이터에 액세스할 수 있도록 지원합니다(Swan, 2015). 블록체인의 주요 이점 중 하나는 투명하고 변경 불가능한 특성입니다. 모든 거래는 공개적으로 볼 수 있는 원장에 기록되며 변경할 수 없으므로 책임을 강화하고 감사 추적을 더 간단하고 강력하게 할 수 있습니다. 이를 통해 투자자, 규제 기관 및 기타 이해 관계자가 위험을 보다 효과적으로 식별하고 모니터링할 수 있으므로 위험 평가의 관행을 개선할 수 있습니다. 블록체인 기반 토큰 증권은 모든 트랜잭션에 대한 불변의 감사 가능한 레코드를 제공함으로써 데이터 무결성을 보장하고 더 나은 정보에 입각한 의사 결정을 지원할 수 있습니다. 또한 블록체인은 데이터에 대한 실시간 액세스를 제공하여 더 빠르고 정보에 입각한 의사 결정을 가능하게 합니다. 이는 잠재적인 문제에 보다 시기적절하게 대응할 수 있기 때문에 위험 관리에 특히 중요할 수 있습니다.

예를 들어, 시커런시 Securrency[12]는 미국의 금융 기술 회사로, 블록체인과 암호화폐 기술을 활용하여 토큰 증권과 디지털 자산 관리 솔루션을 제공하는 회사입니다. Securrency는 금융 시장에서 보안과 규정 준수 문제를 해결하기 위해 혁신적인 솔루션을 제공하고 있는데, Securrency의 주요 제품 중 "Compliance Aware Token"는 토큰 증권을 위한 플랫폼입니다. 이 플랫폼은 전자적으로 실행 가능한 규정 준수 프레임워크를 통해 발행된 토큰 증권의 거래와 전송을 관리합니다. 이를 통해 금융 기관 및 기타 참여자들은 토큰 증권 거래 시 규정 준수를 보장하고, 보안과 신뢰성을 강화할 수 있습니다. 또한 Securrency는 디지털 자산을 관리하기 위한 포트폴리오 관리와 자산 분산 솔루션을 개발하여 이를 통해 투자자들이 다양한 디지털 자산을 안전하게 보호하고, 효율적으로 관리할 수 있도록 했습니다. Securrency는 금융 기관, 자산 관리 회사, 스타트업 등 다양한 고객을 대상으로 서비스를 제공하며, 토큰 증권과 디지털 자산

---

12 Securrency은 글로벌 유동성 및 금융 자유를 위한 시장 선도적 혁신업체로, 기관급 컴플라이언스 관련 토큰화, 계정 관리 및 분산형 기술 개발 분야에서 활동하고 있습니다. 이 회사는 블록체인의 파워를 활용하여 화이트 레이블 서비스를 제공하는 금융 및 규제 기술 회사로서 활동하며, 디지털 자산 인프라를 제공하고 시장 참가자에게 혁신적인 솔루션을 제공합니다. 2023년 10월 19일, 미국 증권예탁결제원 DTCC(Depository Trust & Clearing Corp.)는 Securrency Inc.를 인수하는 협약에 서명하여 현재는 DTCC의 완전 소유 자회사로 운영되며 DTCC 디지털 자산 이름으로 활동합니다.

토큰캐피털리즘

관리 분야에서 혁신적인 솔루션을 제공하는 선두 주자로 인정받고 있습니다.

Ⓑ 자동화와 스마트 계약

사전 정의된 조건이 충족될 때 자동으로 실행되는 프로그램 가능 계약인 스마트 계약을 사용하면 위험 평가 프로세스를 더욱 향상시킬 수 있습니다(Christidis & Devetsikiotis, 2016). 스마트 계약은 마진 콜(증거금 추가납부 통지) margin call 실행 또는 거래 결제와 같은 리스크 관리의 특정 측면을 자동화함으로써 효율성을 높이고 오류를 줄이며 시장 참가자가 리스크를 보다 효과적으로 관리할 수 있도록 지원합니다.

4-2. 위험 완화(Risk Mitigation)

Ⓐ 탈중앙화 네트워크(Decentralized networks)

블록체인 기술의 핵심 기능인 탈중앙화는 단일 장애 지점을 줄이고 금융 시스템의 복원력을 향상시킴으로써 위험 완화에 기여할 수 있습니다(Manski, 2017). 탈중앙화 네트워크는 제어권과 권한을 여러 노드 또는 참가자에게 분산시킴으로써 위험의 집중을 방지하고 시스템 장애의 가능성을 줄일 수 있습니다.

Ⓑ 토큰화(Tokenization)

실물 또는 디지털 자산을 디지털 토큰으로 변환하는 프로세스인 토큰화는 자산의 조각화를 가능하게 하여 투자자들이 자산의 소유권을 더 작고 관리하기 쉬운 부분으로 보유할 수 있게 합니다. 토큰 증권은 부분 소유권을 허용하여 위험을 완화하는 데 십분 활용될 수 있습니다. 앞서 실제 사례에서 살펴봤듯이 부동산 투자는 토큰화되어 투자자가 부동산의 일부 소유권을 보유할 수 있고, 이를 통해 투자자는 여러 자산에 투자를 분산하여 리스크를 완화할 수 있는 포트폴리오를 구성할 수 있습니다. 즉, 투자자들이 포트폴리오를 보다 효과적으로 다양화하고 개별 자산 가격 변동이 전체 투자에 미치는 영향을 줄임으로써 리스크를 완화하는 데 도움이 될 수 있습니다.

4-3. 위험 다양화(Risk Diversification)

Ⓐ 새로운 자산 클래스에 대한 접근

블록체인 기반 토큰 증권은 투자자들에게 부동산, 예술 또는 지적 재산과 같은 이전에는 접근하기 어렵거나 유동성이 낮은 자산 클래스에 대한 투자서비스를 제공할 수 있습니다(Rohr & Wright, 2019). 앞서 서술한대로 이를 통해 투자자들은 더욱 다양한 포트폴리오를 구축하여 위험에 대한 노출을 줄이고 금융 안정성을 높일 수 있습니다.

Ⓑ 기술 및 규제 위험과 재무적 안정성

블록체인 기술은 일부 위험을 줄일 수도 있지만 새로운 위험도 무시할 수 없습니다. 기술적 실패 또는 해킹을 통한 탈취의 위험이 있는데, 실제

토큰캐피털리즘

로 분산형 자율 조직인 더 다오 The DAO[13]는 유명하게도 해킹을 당해 약 5천만 달러의 손실을 입은 경우도 있었습니다. 또한 규제 위험도 주요 관심사 중에 하나인데, 토큰 증권의 규제는 아직 초기 단계이므로 규제 환경의 변화는 이러한 토큰의 가치와 합법성에 영향을 다양하게 미칠 수 있습니다. 미국 증권거래위원회(SEC)는 적절한 규제의 등록 없이 증권 제공으로 간주되는 가상화폐공개 ICO(Initial Coin Offering)에 대해 단속을 강화하고 있습니다. 대표적인 것이 아직 결론이 나지 않은 리플 사태가 그 좋은 예라 할 수 있습니다. 좀 더 자세히 살펴보면 리플사태는 2020년에 발생한 리플(XRP) 가격 조작 의혹과 관련된 사건을 가리키는 용어입니다. 2020년 12월에 미국 증권거래위원회(SEC)가 리플 랩스 Ripple Labs와 관련하여 제3자 판매가격조작과 불법적인 판매 행위를 수행했다고 고소를 제기했습니다. 미국 증권거래위원회는 리플이 실제로 증권으로 간주되는 XRP를 판매하면서 미국 증권법에 따른 등록 절차를 따르지 않았다고 주장했습니다. 리플은 미국을 비롯한 세계 여러 국가에서 널리 사용되는 디지털 암호화폐인 XRP의 개발 및 운영을 담당하는 회사입니다. 리플은 전통적인 금융 기관과의 거래를 편리하게 하기 위해 분산원장 기술인 블록

---

13 The DAO는 2016년 4월 독일의 스타트업 'Stock.it'이 설립한 탈중앙화 벤처 캐피털(VC)입니다. 당시 한화 1700억 원 상당의 이더리움을 모금하여 크라우드펀딩 역사상 최대 금액을 갱신했습니다. 그러나 해커가 스마트 컨트랙트에서 취약점을 악용해 364만 개의 이더리움을 탈취했는데, 이는 전체 이더리움 유통량의 5%에 해당했습니다. 해킹 피해를 복구하기 위해 이더리움 블록체인을 분리했고, 이로 인해 탄생한 것이 이더리움 클래식(ETC)입니다. 이 해킹 사건으로 이더리움과 DAO의 신뢰성이 바닥으로 내려앉은 사건입니다.

출처: https://www.tokenpost.kr/article-84703 기사 발췌 및 요약(2023년 10월 2일 검색)

체인을 활용하고 있습니다. 하지만 미국 증권거래위원회는 XRP를 증권으로 간주하여 리플이 등록 의무가 있는 증권 상품으로 취급하지 않았기 때문에, 리플이 불법적인 판매 활동을 했다고 주장한 것입니다. 이 사건은 리플사태[14]라는 명칭으로 널리 알려지게 되었고, 사건 발생 이후 XRP 가격은 큰 폭으로 하락하였습니다. 리플 랩스는 이를 반박하며 소송을 진행하고 있으며, 현재까지 사건은 진행 중에 있습니다. 이러한 사태로 인해 리플과 관련된 디지털 자산 시장에는 큰 영향을 미치고 있습니다.

블록체인 기반 토큰 증권의 부상은 또 다른 금융 안정성에 영향을 미칠 수 있습니다. 즉, 토큰 증권이 널리 사용되고 있는 중 기술적 결함에 의해 보안사고와 같은 대형 사고가 발행할 경우 잠재적으로 금융시스템을 혼란에 빠뜨릴 수 있습니다. 하지만 금융 안정성에 대한 잠재적 영향은 적절한 규제 및 감독으로 완화될 수 있고, 현재 중앙은행을 비롯한 금융당국과 금융안정위원회(FSB), 국제통화기금(IMF) 등 국제기구가 이 문제를 적극적으로 연구 중에 있습니다.

결론적으로 블록체인 기반 토큰 증권은 리스크 관리 관행을 크게 개선하고 글로벌 경제 내 금융 안정성에 기여할 수 있는 잠재력을 가지고 있습니다. 토큰 증권은 리스크 평가, 완화 및 다양화를 강화함으로써 시장 참가자들이 리스크를 더 잘 관리하고 보다 탄력적인 금융 시스템을 육성

---

14 2023년 7월 14일 뉴욕연방법원은 리플이 그간 거래소에서 개인에게 판매한 코인은 증권이 아니라고 판결했다. 다만 헤지펀드 등을 기관 투자자에게 판매한 경우, 리플의 수익성이 강조되어 판매되었으므로 이를 근거로 수익형 증권으로 판정했다. 대부분의 전문가들은 이번 판결이 SEC나 리플 중 어느 일방의 완승이라고 단언할 수 없고 단지 절반의 승리를 나눈 것으로 평가하고 있다.
    출처: https://newsroom.koscom.co.kr/36229 기사 발췌 및 요약 (2023년 10월 2일 검색)

할 수 있도록 시장을 조성할 수 있습니다. 또한 규제 당국은 블록체인 기반 토큰 증권의 책임 있는 성장을 지원하기 위한 제대로 된 규정과 지침이 마련되어 있는지 확인하기 위해 업계 참가자들과 지속적인 대화의 장을 마련해야 할 것입니다. 블록체인 기반 토큰 증권은 위험 관리와 재무 안정성에 기여할 수 있지만 새로운 위험과도 직면해 있는 것이 현실입니다. 이를 관리하려면 강력한 기술 보안 조치, 명확한 규제 프레임워크, 금융 시스템의 안정성에 대한 지속적인 모니터링이 필요할 것입니다. 또한 시장 참가자들이 블록체인 기술과 토큰 증권의 최신 발전에 대해 계속해서 정보를 제공하는 것이 중요합니다. 기업, 투자자, 규제 당국은 새로운 동향, 리스크 및 기회를 파악함으로써 정보에 입각한 의사 결정을 내리고, 블록체인 기반 토큰 증권을 글로벌 금융 시스템에 성공적으로 안착시키는데 기여할 수 있습니다.

토큰 증권의
사회적 영향

토큰 증권의 사회적 영향

1 금융 소외 계층의 역량 강화: 모두가 참여할 수 있도록 지원

블록체인 기반 토큰 증권은 세계 경제에서 금융 포용성을 크게 높이고 부의 분배를 민주화할 수 있는 잠재력을 가지고 있습니다. 토큰 증권은 분산화, 접근성 및 비용 효율성과 같은 블록체인 기술의 고유한 기능을 활용하여 금융 서비스가 취약한 계층의 사람들에게 권한을 부여하고 자본에 대한 액세스를 증가시키며 보다 공정한 부의 분배를 촉진할 수 있습니다. 이 섹션에서는 블록체인 기반 토큰 증권의 사회적 영향 중 금융 포용을 지원하고 부의 민주화에 기여할 수 있는 측면에 대해 상세히 살펴보도록 하겠습니다.

1-1. 금융 포용(Financial Inclusion)

금융 포용이란 금융 서비스를 보다 많은 사람들이 이용하고 혜택을 누릴 수 있도록 하는 개념을 의미합니다. 이는 사회적으로 취약한 계층이나 소득이 낮은 사람들도 금융 시스템에 참여하고 금융상품과 서비스를 안전하게 이용할 수 있도록 지원하는 것을 목표로 합니다. 금융포용은 금융의 고립된 개인이나 단체를 포용하여 경제적으로 포용력 있는 사회를 구축하려는 노력의 일환으로 볼 수 있습니다.

Ⓐ 금융 서비스에 대한 접근성

블록체인 기술은 전통적인 은행 시스템에 의해 금융 서비스를 받지 못했던 개인과 기업에게 금융 서비스에 더 많은 접근을 가능하게 합니다(Tapscott & Tapscott, 2016). 블록체인은 토큰 증권을 발행하고 거래할 수 있는 분산되고 안전하며 비용 효율적인 플랫폼을 제공함으로써 저개발 지역을 포함한 광범위한 시장 참여자들이 금융 서비스에 쉽게 액세스할 수 있게 합니다. 예를 들어, 블록체인 기술을 사용하면 기존 은행 없이 P2P(Peer-to-Peer) 거래를 가능하게 하고, 여기에 자산과 증권을 토큰화함으로써 은행 서비스에 접근할 수 없는 개인도 투자 활동에 참여할 수 있습니다(은행이 없는 뱅킹). 또한 투자 기회 확대 측면에서 토큰화는 부분 소유권을 가능하게 하여 재정 자원이 제한된 사람들이 더 광범위한 자산에 투자할 수 있도록 합니다.

Ⓑ 진입 장벽 감소

블록체인 기술을 사용하면 증권 발행, 거래 및 관리의 여러 측면을 자동화함으로써 관련된 비용절감 효과를 가져올 수 있습니다(Kaal & Dell'Erba, 2019). 이는 소규모 기업과 저소득 개인 투자자의 진입 장벽을 낮출 수 있어 이전에 접근할 수 없었던 자본 시장의 투자 기회를 얻기가 한층 용이해질 수 있습니다. 금융 문해력은 개인이 금융에 관련된 정보를 이해하고 판단하는 능력을 의미하는데, 이는 개인이 금융 용어와 개념을 이해하고

토큰캐피털리즘

금융 상품과 서비스의 특징을 파악하며, 자신의 금융 상황을 평가하고 적절한 의사 결정을 내릴 수 있는 능력을 말합니다. 금융 문해력을 갖는 개인 및 계층은 더 나은 금융 상황을 구축하고 금융 위험을 관리할 수 있고, 금융 문해력을 향상시키는 교육과 정보 습득은 금융 건전성을 증진시키는 데 중요한 역할을 합니다. 토큰 증권 플랫폼에는 커뮤니티 채널, 교육 도구 및 사용자 친화적인 인터페이스가 포함되어 금융 문해력을 향상시키고 개인이 정보에 입각한 투자 의사 결정을 내릴 수 있도록 합니다.

요컨대, 블록체인 기반 토큰 증권은 자본에 대한 접근성을 높이고, 진입장벽을 낮춤으로써 보다 포용적인 금융 시스템에 한발자국 더 다가갈 수 있습니다.

1-2. 부의 민주화(Democratization of Wealth)

부의 민주화는 철학적 이상인 동시에 실천적 목표입니다. 부의 분배가 소수의 손에 집중되지 않고 더 많은 인구에 걸쳐 더 고르게 분산되는 사회 경제적 변화를 의미하는데, 이는 부가 더 고르게 분배될 때 사회적 안정 증가, 빈곤 감소 및 경제 성장 향상으로 이어져 사회 전체에 이익이 된다는 것을 시사합니다.

🔺 A 자산 토큰화와 부분 소유권

실물 또는 디지털 자산을 디지털 토큰으로 변환하는 프로세스인 토큰화는 자산의 부분적인 소유권을 가능하게 하여 투자자들이 자산의 더 작고 관리하기 쉬운 부분을 보유할 수 있게 합니다. 이는 이전에는 부유한 개인이나 기관 투자자만 접근할 수 있었던 부동산, 예술 또는 지적 재산과 같은 자산을 더 작은 단위의 토큰화를 통해 개인이 훨씬 더 낮은 최소 투자 요건으로 이러한 자산에 투자할 수 있음을 의미하며 전통적으로 유동성이 낮은 자산의 소유에 더 넓은 범위의 투자자가 참여할 수 있도록 함으로써 부의 민주화에 한발자국 더 다가갈 수 있습니다. 부의 민주화의 핵심 중 하나는 모든 사람이 부를 창출할 수 있는 **동등한 기회**를 가져야 한다는 것인데, 이는 모든 사람이 동일한 결과를 얻는 것이 아니라 동일한 출발점을 갖는다는 것을 의미합니다. 또한 부를 민주화하려면 사회경제적 배경에 관계없이 모든 사람이 자본에 더 쉽게 접근할 수 있도록 해야 하는데, 자산 토큰화와 부분 소유권은 그 역할을 충분히 이행하는 수행자 역할을 할 것입니다.

🅑 글로벌 투자 기회

토큰 증권은 글로벌 투자를 촉진하고 전 세계 투자자들에게 새로운 투자 기회를 열어줄 수 있습니다(Rohr & Wright, 2019). 블록체인 기술은 증권 발행과 거래를 위한 안전하고 투명하며 효율적인 플랫폼을 제공함으로써 투자자들이 글로벌 자본 시장에 접근하고 포트폴리오를 보다 효과적으로 다양화하여 부의 공정한 분배에 기여할 수 있습니다. 다시 말해 토큰 증권은 한층 강화된 보안기술 기반으로 인터넷을 통해 사고 팔 수 있어 전 세계 어디에서나 개인이 글로벌 시장에 참여할 수 있으며, 이것은 투자에 대한 지리적 장벽을 허물고 진정한 **글로벌 투자** 커뮤니티를 형성할 수 있습니다. 또한 전통적인 증권 거래 시간과는 다르게 연중무휴 24*7 거래가 가능하여 투자자에게 더 많은 유연성을 제공하고 시장 개발에 보다 신속하게 대응할 수 있습니다.

결론적으로 블록체인 기반 토큰 증권은 세계 경제에서 금융 포용도를 크게 높이고 부의 분배를 민주화할 수 있는 잠재력을 가지고 있습니다. 토큰 증권의 채택이 지속적으로 증가함에 따라 기업, 투자자 및 규제 기관은 이 새로운 기술의 잠재적 이점을 인식하고 이 기술의 책임 있는 성장과 개발을 촉진하는 것이 필요합니다. 토큰 증권이 투자를 민주화하고 금융 포용성을 개선할 수 있는 상당한 잠재력을 제공하지만 반면, 도전 과제와 위험도 있다는 것을 인식하는 것이 중요합니다. 여기에는 규제 환경, 사기 가능성, 변동성, 디지털 자산 처리의 기술적 복잡성 등이 포함됩니다.

2 일자리 창출: 새로운 비즈니스 모델

토큰 증권의 출현은 금융 포용과 부의 민주화에 기여할 뿐만 아니라 새로운 일자리와 경제 성장 및 새로운 비즈니스 모델을 창출할 수 있는 잠재력도 가지고 있습니다. 블록체인 기술은 비즈니스 혁신을 주도하고 프로세스를 간소화함으로써 새로운 유형의 비즈니스와 고용 기회의 창출을 촉진할 수 있습니다. 이 섹션에서는 블록체인 기반 토큰 증권이 일자리 창출을 주도하고 새로운 비즈니스 모델 개발을 촉진할 수 있는 다양한 측면을 살펴보도록 하겠습니다.

2-1. 일자리 창출(Job Creation)

A 새로운 역할과 기술

블록체인 기술의 채택이 지속적으로 증가함에 따라 블록체인 기반 솔루션을 개발, 구현 및 관리할 수 있는 숙련된 전문가에 대한 요구가 증가하고 있습니다(Mougayar, 2016). 여기에는 블록체인 개발자, 프로젝트 관리자, 컨설턴트와 같은 역할이 포함됩니다. 링크드인 LinkedIn[1]에 따르면 "블록체인"은 2020년에 가장 수요가 많은 하드 스킬 중 하나라고 발표했습니다. 이러한 것을 보면 블록체인 산업은 이미 일자리 창출 능력을 입

---

1 LinkedIn은 전문 네트워킹 및 직업 관련 정보를 공유하고 연결할 수 있는 소셜 미디어 플랫폼입니다. 직장 경험과 업계 지식을 공유하고 전문 네트워크를 구축할 수 있고, 구인구직 정보를 찾거나 직장 관련 소식을 서칭할 수 있습니다. LinkedIn은 전 세계적으로 많은 비즈니스 전문가 및 직업 인맥들이 사용하는 인기 있는 플랫폼 중 하나입니다.

증했다고 말할 수 있을 것입니다. 블록체인 산업의 확장은 일자리 창출에 기여할 수 있고, 다양한 배경과 기술을 가진 개인들에게 새로운 일자리 기회를 제공할 수 있습니다. 또한 자산의 토큰화에는 기존과 다른 새로운 역할과 기술이 필요합니다. 여기에는 스마트 계약 개발자, 토큰화 컨설턴트, 블록체인 법률 전문가, 토큰 규정 준수 담당자 등이 포함될 수 있습니다. 토큰 증권을 둘러싼 기술과 일련의 업무프로세스를 개발하고 구현함에 따라 새로운 전문 역할이 나타나고 있습니다.

예를 들어, 토큰 증권에 필수적인 스마트 계약의 생성 및 유지 관리는 솔리디티 Solidity[2]와 같은 스마트 계약 프로그래밍 언어에 대한 전문 지식을 갖춘 개발자에 대한 수요 급증으로 이어질 수 있습니다. 또한 토큰화된 증권의 세계는 금융과 기술이 접목되기 때문에 두 분야를 모두 이해하는 전문가의 필요성이 점차 높아지고 있습니다. 이로 인해 블록체인 금융 분석사(Blockchain Financial Analyst)[3] 또는 토큰화 컨설턴트(Tokenization Consultant)[4]와 같은 새로운 직업의 영역이 탄생할 수도 있을 것입니다. 토큰

---

2 Solidity는 이더리움 블록체인에서 스마트 계약을 작성하는 데 사용되는 고급 프로그래밍 언어입니다. 스마트 계약은 코드로 작성된 계약으로, 이를 통해 자동화된 거래 및 계약 실행이 가능합니다. Solidity는 이더리움 가상 머신(Ethereum Virtual Machine, EVM)에서 실행되며, 이더리움 블록체인에서 사용되는 대표적인 스마트 계약 언어 중 하나입니다.

3 블록체인 기술과 금융 시장에 대한 전문 지식을 활용하여 금융 서비스 및 자산의 블록체인 기반 구현을 평가하고 분석하는 전문가를 가리킵니다. 이들은 블록체인 기술이 금융 분야에 미치는 영향을 평가하고, 새로운 블록체인 기반 금융 상품 및 서비스의 가능성을 조사하며, 투자 결정을 지원하기 위해 금융 데이터와 블록체인 기술을 결합하여 분석합니다.

4 기업이나 프로젝트에서 암호화폐나 블록체인 기술을 활용하여 자산을 토큰화하는 프로세스를 지원하는 전문가를 가리킵니다. 이들은 토큰화 프로세스의 전반적인 계획과 실행에 대한 조언을 제공하고, 법적, 기술적, 경제적 측면에서의 규제 준수 및 최적화를 도와줍니다.

증권의 부상은 다양한 측면에서 이러한 추세를 더욱 가속화할 것입니다.

B 기존 역할의 확장

블록체인 기반 토큰 증권 구현은 블록체인 기술에 의존하는 신사업과 산업의 성장을 가능하게 함으로써 간접적인 일자리 창출로도 이어질 수 있습니다(Swan, 2015). 이러한 비즈니스가 확장됨에 따라 재무, 법률, 마케팅 및 운영 전문가의 기존 역할은 토큰 증권과 관련된 업무를 포함하도록 확장될 수 있습니다. 다시 말해, 추가 지원이 필요하여 다양한 분야에서 새로운 고용 기회를 창출할 수 있습니다.

예를 들어, 재무 분석가는 토큰화된 자산의 가치를 평가하는 방법을 이해해야 하고, 변호사는 토큰화의 법적 영향을 이해해야 하며, 소프트웨어 개발자는 토큰 증권과 상호 작용하는 애플리케이션을 구축하는 방법을 이해해야 합니다. 현재 존재하고 있는 다양한 직업군에서 토큰 증권과 연관된 업무를 처리하기 위해 업무 확장의 과정을 거칠 것입니다.

2-2. 새로운 비즈니스 모델

토큰 증권의 부상은 자본과 유무형자산에 대해서 새로운 비즈니스 모델의 출현을 촉진할 수 있습니다. 실제 진행되었던 사례와 진행 가능한 사례를 중심으로 상세히 살펴보도록 하겠습니다.

A 탈중앙금융(DeFi) 플랫폼

블록체인 기반 토큰 증권은 전통적인 금융 기관의 취약점을 극복하는 방안으로 탈중앙금융(DeFi) 플랫폼의 출현을 촉진할 것입니다(Schär, 2021). 탈중앙금융 플랫폼은 블록체인 기술을 활용하여 P2P(Peer-to-Peer) 금융 거래를 가능하게 하여 중개자의 필요성을 없애고 비용 효율성을 높일 수 있습니다. 이는 탈중앙형 대출 플랫폼, 탈중앙형 거래소 및 탈중앙형 자산 관리 플랫폼과 같은 새로운 비즈니스 모델을 창출할 수 있습니다. 또한 이러한 탈중앙형 금융 플랫폼의 출현을 촉진하기 위해서는 그를 뒷받침해 줄 수 있는 조직이 필요합니다.

대표적인 예로 탈중앙화 자율 조직(Decentralized Autonomous Organizations, DAO)[5]입니다. 탈중앙화 자율 조직은 중앙 집중식 기관이 아닌 블록체인의 스마트 계약에 의해 운영되는 조직입니다. 토큰 증권은 탈중앙화 자율 조직의 소유권을 나타내는 데 사용할 수 있으므로 토큰 소유주는 누구나 '주주'가 되어 의사 결정에 참여할 수 있습니다. 탈중앙화 자율 조직의 실제 예로 가장 유명하고 초기 사례인 "The DAO"가 있습니다. 이는 2016년 4월 이더리움 플랫폼에서 만들어진 벤처 캐피털 펀드로서 커뮤니티에서 투표를 통해 투자 결정을 내렸습니다. 회원이 보유(사용자는 Ether를 사용하여 DAO 토큰을 구매)한 각 DAO 토큰은 의결권을 나타내어 자금 조달 프로젝트 제안에 투표할 수 있었습니다. 이 모델의 토큰 증권은 회사의 지분을 나타내며 토큰 보유자는 이사회 선출, 인수 합병 승인 또는 배당

---

5 탈중앙화 자율 조직 DAO(Decentralized Autonomous Organization)는 전체적인 과정을 스마트 계약 기술로 진행합니다. 자금조달·투자 등 모든 활동을 중개 기관 없이 가능하게 하고, 중앙관리자 없이 개인이 공통 목적으로 모여서 투표를 통해 의사결정을 수행합니다. 자체적인 토큰을 발행해서 구성원에게 의결권을 배부하고, 블록체인 기술에 기반을 두고 투표하기 때문에 익명성과 투명성을 보장합니다. 구성원은 활동에 대한 인센티브와 자체의 토큰 가치 상승으로 보상을 받을 수 있습니다.

결정과 같은 각종 주요 이슈사항에 대해 찬반 투표를 할 수 있습니다. 사회적 영향도 측면에서 살펴보면 DAO는 벤처 캐피털 프로세스에서 집단적 의사 결정의 새로운 모델을 제안했기 때문에 획기적이었습니다. DAO 토큰 보유자가 보유 규모에 관계없이 자금 조달 과정에서 목소리를 낼 수 있도록 함으로써 투자의 민주화를 적극적으로 실현했다고 그 의미를 찾을 수 있을 것입니다.

Ⓑ 자산 및 서비스의 토큰화

블록체인 기반 토큰 증권을 통해 가능한 자산 및 서비스의 토큰화는 부분 소유권과 자본에 대한 글로벌 투자를 활용하는 새로운 비즈니스 모델을 창출할 수 있습니다. 예를 들어, 기업은 부동산, 예술 및 기타 유동성이 없는 자산을 토큰화하여 모든 투자자들에게 이러한 자산의 일부 지분을 소유하고 거래할 수 있는 기회를 제공할 수 있습니다. 또한 기업은 서비스를 토큰화하여 소비자가 구독 또는 멤버십과 같은 서비스의 일부 지분을 구입하고 유통 시장에서 자유롭게 거래할 수 있도록 합니다. 즉, 토큰화는 부동산이나 예술품과 같은 유형자산뿐만 아니라 서비스 및 구독과 같은 무형자산에도 적용할 수 있습니다. 다음은 새로운 비즈니스 모델로 서비스 형태를 토큰화할 수 있는 방법을 설명하는 개념적 사례입니다.

비즈니스 모델 사례1. 피트니스센터 멤버십의 토큰화

※ 비즈니스: (가칭) 플렉스짐 FlexGym, 프리미엄 피트니스 센터 체인

※ 서비스: 모든 시설, 개인 트레이닝 및 맞춤 피트니스 수업을 이용할

수 있는 프리미엄 연간 피트니스센터 멤버십

※ 토큰화 프로세스:

1. **토큰 생성:** FlexGym은 연간 피트니스센터 멤버십을 토큰화하기로 결정하고, 블록체인 플랫폼에서 "플렉스토큰 FlexToken"이라는 디지털 토큰을 생성한다. 각 FlexToken은 연간 멤버십의 일부 (예: 1/12)를 나타낸다.

2. **토큰 판매:** FlexGym은 전통적인 연간 멤버십을 판매하는 대신 소비자에게 판매할 FlexToken을 제공한다. 소비자가 연간 전체 멤버십을 원하는 경우 12개의 FlexToken을 구매해야 한다. 그러나 1년 중 일부만 액세스하려는 경우 더 적은 수의 토큰을 구입할 수도 있다.

3. **거래 및 유통 시장:** 소비자는 최초 구매 후 유통 시장에서 FlexToken을 거래할 수 있다. 누군가가 3개월 동안 피트니스를 사용하고 더 이상 계속하기를 원하지 않는 경우 나머지 9개의 FlexToken을 다른 사람에게 판매할 수 있다. 이는 멤버십 모델에 유동성과 유연성을 제공한다.

4. **사용:** 소비자가 FlexGym을 방문하면 디지털 지갑을 사용하여 자신이 소유한 FlexToken 수를 확인할 수 있게 한다. 토큰은 피트니스 및 그 서비스에 대한 사용을 위해 거래될 수 있다. 예를 들어, 하나의 FlexToken은 한 달의 사용 권한을 부여할 수 있다.

5. **특별 행사와 유틸리티:** FlexGym은 추천에 대한 보너스 토큰 또는 피트니스 상품 할인과 같은 토큰 보유자에게 추가 혜택을 제공할 수 있다. 이를 통해 고객 만족도 및 충성도를 높이고 소비자가 토큰

을 보유하고 사용하도록 장려할 수 있다.

기존 멤버십 운용 제도와 다른 이러한 토큰화된 피트니스센터 멤버십을 통하여 기대되는 효과는 다음과 같습니다.

첫째, 유연성의 확대 측면입니다. 회원은 기간제 계약에 얽매이지 않고, 원하는 사용 기간 동안 해당하는 토큰을 구매하여 원하는 서비스의 양을 선택할 수 있습니다.

둘째, 유동성의 확대 측면입니다. 기존 피트니스 멤버십은 양도할 수 없지만 토큰은 거래하거나 판매할 수 있습니다. 이는 소비자가 서비스를 사용하지 않기로 결정한 경우 유동성과 가치를 회수할 수 있는 방법을 제공합니다.

셋째, 참여의 확대 측면입니다. 토큰화는 서비스를 중심으로 커뮤니티를 만들 수 있습니다. 토큰 소유자는 서비스에 대한 더 많은 참여의 기회를 얻고, 새로운 피트니스 기능에 대한 투표에 참여하거나 브랜드 옹호자가 될 수도 있습니다.

이 개념적인 예는 서비스를 토큰화하여 기존 비즈니스 모델을 혁신하는 방법을 보여주고 있습니다. 피트니스 멤버십과 같은 서비스에 유동성, 유연성 및 참여의 확대가 효과적으로 적용됨으로써 기업은 새로운 수익원을 발굴할 수 있으면서 소비자에게 더 매력적인 서비스를 제공할 수 있습니다.

비즈니스 모델 사례2. 소비재 '커피'의 토큰화

토큰화할 수 있는 영역 중 소비재 부문(예: 커피)에서 토큰 증권을 사용하는 새로운 비즈니스 모델은 전통적인 방식에 비해 더 유동적이며 투명한 투자 방식을 제공할 수 있습니다. 커피 공급망에 대한 투자 기회에 접근성을 민주화하고, 다양한 투자자들이 업계의 성장에 따른 수익을 얻을 수 있습니다. 비즈니스 모델 사례1과는 다른 관점으로 우선, '커피'의 투자 방식 중 전통적인 방식과 토큰 증권 방식의 차이를 살펴보고, 다음으로 새로운 비즈니스 모델인 '커피'의 토큰화 과정을 상세히 살펴보도록 하겠습니다.

첫째, 투자 접근 방식과 소유권 측면입니다. 전통적 투자방식에서는 주로 커피 회사의 주식 구매, 커피 선물(금융상품) 투자 또는 커피 농장이나 소매 체인에 직접 투자하는 방식으로 이루어집니다. 커피 농장에 직접 투자하는 것은 일반적으로 많은 자본이 필요하며 일반 투자자는 쉽게 접근할 수 없습니다. 반면, 토큰 증권 방식은 커피 공급망의 다양한 측면(예: 농장, 운송 또는 소매점 등)에 대한 부분 소유권을 허용하고, 이는 진입 장벽을 낮추어 투자규모가 작은 일반 투자자들의 참여를 가능하게 합니다.

둘째, 시장 접근성 측면입니다. 전통적 투자방식에서는 상당한 자본을 가진 사람 또는 상품 시장에 접근할 수 있는 사람에게 제한됩니다. 일반 투자자는 주로 주식 시장을 통해서만 간접적으로 참여가 가능합니다. 반면, 토큰 증권 방식은 시장 접근성이 용이한데, 이는 토큰이 거래되는 디지털 플랫폼에 접근할 수 있는 누구나 투자 규모에 관계없이 투자할 수 있습니다.

셋째, 유동성과 거래 가능성 측면입니다. 전통적 투자방식에서는 농장과 같은 물리적 자산에 대한 투자는 매우 유동성이 낮고, 주식 시장 투자는 정해진 주식 거래 시간 및 조건에 한정된 유동성을 제공합니다. 반면, 토큰 증권 방식은 디지털 거래소에서 토큰을 거래할 수 있도록 하여 유동성을 한층 더 증가시킵니다. 이러한 거래는 연중무휴 24*7 거래로 이루어져 더 큰 유연성과 유동성을 제공합니다.

넷째, 투명성과 추적 가능성 측면입니다. 전통적 투자 방식에서 공개 회사에 대한 투자는 재무 공시를 통해 한정된 수준의 투명성을 제공하지만, 커피 생산에 대한 직접적인 투자는 투명하기에 어려운 측면이 많습니다. 반면, 토큰 증권 방식은 높은 수준의 투명성을 제공하는데, 블록체인 기술은 모든 거래와 소유 기록을 불변하고 공개적으로 검증 가능하게 보장합니다.

다섯째, 이익 분배와 권리 측면입니다. 전통적 투자 방식에서 수익은 주로 주가 상승 또는 배당금을 통해 발생합니다. 직접 투자는 사업 성과에 따라 수익을 얻을 수 있습니다. 반면, 토큰 증권 방식에서는 토큰 보유자는 커피 공급망에서 발생하는 수익에 대해서 직접적으로 배당금을 받을 수 있으며, 주요 사업 결정에 대한 투표권도 가질 수 있습니다.

여섯째, 글로벌 참여 측면입니다. 전통적 투자 방식에서 해외 시장에 대한 직접 투자는 지리적 제약과 로컬 local 규정에 따른 제약이 무조건 따릅니다. 반면, 토큰 증권 방식에서는 규제 준수에 따라 어디에서나 투자자들이 투자할 수 있으므로 해외 투자 기회에 대한 접근성을 민주화할 수 있습니다.

일곱째, 위험과 **규제 준수** 측면입니다. 전통적 투자 방식에서는 시장, 운영 및 국가별 위험을 포함한 다양한 위험을 포함하고, 규제 준수는 해당 지역 규정에 따릅니다. 반면, 토큰 증권 방식에서는 공급망 전반에 걸쳐 위험을 다각화할 수 있는데, 토큰에 규제 준수를 프로그래밍할 수 있지만, 토큰화된 자산에 대한 규제 환경은 여전히 진화 중에 있습니다.

새로운 비즈니스 모델로 소비재 자산에 대한 전통적인 투자방식의 한계를 극복할 수 있는 토큰 증권 투자 방식의 장점을 파악한 후, 토큰화 과정을 단계별로 표[4]와 같이 진행할 수 있습니다.

표 4 소비재(커피) 부문의 비즈니스 모델 토큰화 과정

단계	설명	세부정보
1 자산 선택	토큰화를 위한 소비재 선택	한 커피 회사는 다양한 지역에서 공급되는 고품질 커피 원두를 토큰화하기로 결정
2 법률 및 규정준수	토큰 제공이 법적 기준을 준수하도록 보장	회사는 법률전문가와 협업하여 식품 안전 규정, 국제 무역법 및 토큰 증권 규정 준수여부 확인
3 토큰화 프로세스	커피 공급망 권리를 디지털 토큰으로 전환	각 토큰은 농장에서 소매점까지 커피 배치와 향후 판매를 포함하여 공급망의 지분을 나타냄
4 토큰 공개	토큰 증권 공개(STO)	토큰은 디지털 플랫폼을 통해 KYC 및 AML 절차에 따라 개인 및 기관 투자자 모두에게 제공됨
5 투자자 참여	투자자 토큰 구매 허용	투자자는 토큰을 구매하여 커피 공급망에서 얻을 수 있는 미래 이익의 일부를 그들에게 제공
6 2차 시장 거래	유통 시장에서 토큰 거래	토큰은 디지털 자산 거래소에 상장되어 보유자가 자유롭게 거래할 수 있게 유동성을 제공

7	이익 공유 및 권리	수익 및 혜택 분배	토큰 보유자는 토큰 보유량에 비례하여 커피 판매 수익에서 배당금을 받고 공급망 결정에 투표할 수 있음
8	공급망 관리	공급망 관리 및 최적화	회사는 모금된 자금을 사용하여 효율성, 지속 가능성 및 품질 개선을 위해 공급망을 최적화함
9	확장 및 다양화	다른 제품으로 모델 확장 고려	성공 여부에 따라 회사는 차, 향신료 등 다른 소비재에 토큰화 모델을 적용하는 것을 고려

비즈니스 모델 사례3. 무형자산 '특허'의 토큰화

무형자산인 특허 투자에 있어 토큰 증권을 사용하는 새로운 비즈니스 모델은 전통적 방법과 비교하여 중요한 발전을 나타냅니다. 이는 무형 자산에 대한 투자를 더 쉽게 접근하고, 시장 접근성을 더 높이는 효과적인 방법을 제공합니다. 이 접근 방식은 소규모 개인 투자자를 포함한 더 넓은 범위의 투자자들을 끌어들여 특허 거래 및 소유 방식을 변화시킬 잠재력을 가지고 있습니다. 여기서는 비즈니스 모델 사례2에서와 같이 전통적인 투자 방식과 토큰 증권 방식의 차이를 먼저 알아보고, 새로운 비즈니스 모델인 무형자산 부문 중 '특허'토큰화 과정을 상세히 살펴보도록 하겠습니다.

첫째, 투자 접근 방식과 소유권 측면입니다. 전통적 투자 방식에서는 특허를 보유한 회사에 직접 투자하거나 특허권을 구매하는 방식으로 이루어집니다. 이는 상당한 자본과 특허 포트폴리오를 관리하기 위한 법적 전문 지식이 필요합니다. 반면, 토큰 증권 방식에서는 모든 투자자들이 특허의 부분 소유를 가능하게 하고, 특허에서 발생하는 미래 수익 흐름에 대한 지분을 나타내는 토큰을 구매할 수 있습니다.

둘째, **시장 접근성** 측면입니다. 전통적 투자 방식에서는 대규모 투자자나 특허에 투자하고 관리할 수 있는 자본과 전문성을 가진 회사에 한정됩니다. 소규모 일반 투자자들에게는 직접 투자가 실현 가능하지 않습니다. 반면, 토큰 증권 방식에서는 부분 소유와 낮은 진입 장벽을 통해 시장 접근성을 넓히고, 이는 높은 비용과 복잡성으로 인해 이전에 참여할 수 없었던 소규모 일반 투자자들에게도 투자 기회를 제공합니다.

셋째, **유동성과 거래 가능성** 측면입니다. 전통적 투자 방식에서는 특허에 대한 투자는 일반적으로 장기적이며 유동성이 매우 낮습니다. 특허권 또는 특허를 보유한 회사의 지분을 판매하는 과정은 느리고 복잡합니다. 반면, 토큰 증권은 디지털 거래소에서 토큰을 거래할 수 있도록 하여 유동성을 크게 향상시킬 수 있습니다. 이는 특허 투자가 쉽고 빠르며 유연한 거래를 제공합니다.

넷째, **투명성과 보안** 측면입니다. 전통적 투자 방식에서는 특허의 세부사항과 수익 잠재력은 외부 투자자가 평가하기 어렵습니다. 반면, 토큰 증권 방식에서는 블록체인 기술을 활용하여 거래에서 높은 수준의 투명성과 보안을 보장함으로써 특허의 세부 정보, 수익 기록 및 미래 잠재력에 대한 정보에 쉽게 접근하고 검증할 수 있습니다.

다섯째, **글로벌 참여** 측면입니다. 전통적 투자 방식에서는 글로벌 투자자가 특허에 투자하는 것은 지리적 및 로컬 local 규정에 따라 제약을 받습니다. 반면, 토큰 증권 방식에서는 글로벌 참여를 보다 쉽게 가능하게 하여 글로벌 투자자들이 국경을 넘어 쉽게 특허에 투자할 수 있습니다.

여섯째, **위험 관리** 측면입니다. 전통적 투자 방식에서는 특허의 성공과 법적 분쟁에 대한 예상치 못한 상황들이 많은 성격으로 인해 높은 위험을 가집니다. 또한 다양한 특허나 회사에 투자하려면 상당한 자본이 필요합니다. 반면, 토큰 증권 방식에서는 단일 채널 내에서 더 다각화된 투자 접근 방식을 제공함으로써 물리적 저장과 관련된 위험은 완화되며, 시장 위험은 토큰화된 자산 기반에 걸쳐 다각화됩니다.

일곱째, 수익 흐름과 권리 측면입니다. 전통적 투자 방식에서 수익은 라이선스 수수료나 소송 합의금을 통해 실현되는데, 이러한 수익 흐름에 대한 참여는 주로 특허 소유자나 특정 투자자에게 한정됩니다. 반면, 토큰 증권 방식에서 토큰 보유자는 라이선스 수수료와 특허의 수익 흐름에서 직접적인 수익을 얻을 수 있으며, 특허 관리에 대한 일정한 권리나 영향력을 행사할 수 있습니다.

무형자산인 '특허'에 대한 전통적인 투자방식과 토큰 증권 방식을 다양한 측면에 대해서 비교하여 살펴보았습니다. 위에서 살펴본 바와 같이 무형자산 분야에서도 토큰 증권 투자 방식의 장점을 바탕으로 새로운 비즈니스 모델로 토큰화 과정을 단계별로 표[5]와 같이 진행할 수 있습니다.

표 5 무형자산(특허) 부문의 비즈니스 모델 토큰화 과정

	단계	설명	세부정보
1	자산 선택	토큰화화에 적합한 무형자산 선택	기술 회사가 신흥 기술 분야의 여러 특허를 포함하는 특허 포트폴리오의 토큰화를 결정
2	법률 및 규정준수	토큰 제공이 법적 기준을 준수하도록 보장	회사는 토큰화 과정이 지적 재산 법과 증권 규정을 준수하도록 법률전문가와 협업

3	토큰화 과정	특허권을 디지털 토큰으로 전환	특허에서 발생하는 수익 권리가 토큰으로 나뉘어짐. 각 토큰은 라이선싱이나 특허 집행에서 발생하는 미래 수익 흐름에 대한 청구권을 나타냄
4	토큰 공개	토큰 증권 공개(STO)	토큰은 디지털 플랫폼을 통해 KYC 및 AML 절차에 따라 개인 및 기관 투자자 모두에게 제공됨
5	투자자 참여	투자자 토큰 구매	기술 분야에 관심 있는 투자자들이 토큰을 구매하여 특허권에 대한 부분 소유권과 미래 수익 흐름에서의 지분을 확보함
6	2차 시장 거래	유통 시장에서 토큰 거래 촉진	토큰은 디지털 자산 거래소에 상장되어 보유자가 자유롭게 거래할 수 있어 유동성이 부족한 무형 자산에 유동성을 제공
7	수익 분배	특허에서 발생하는 수익 분배	특허가 수익을 창출하면(라이선싱 등을 통해) 토큰 보유자는 스마트 계약을 통해 관리되는 지분에 비례하여 배당금 수령
8	포트폴리오 관리	특허 포트폴리오 관리	회사는 특허의 가치와 수익 잠재력이 최대화되도록 특허를 지속적으로 관리함
9	확장 및 다양화	모델을 다른 무형 자산으로 확장 고려	성공 여부에 따라 이 모델은 S/W 라이선스, 상표권, 미디어 콘텐츠 로열티와 같은 다른 무형자산에 적용을 고려

Ⓒ 토큰 증권 대상 자산 유형별 비즈니스 모델

토큰 증권의 비즈니스 모델은 토큰화할 수 있는 대상 자산 유형별 중심으로 신탁증권 방식과 투자계약증권 방식 두 가지 형태로 분류해 볼 수 있습니다. 이 두 가지 형태에 따라 운용수익 및 주요사항들에서 고유의 특징들을 나타내고 있는데 상세히 살펴보면 다음과 같습니다.

첫째, 신탁증권 모델입니다. 토큰화된 자산이 신탁에 보관되며, 토큰 보유자를 대신하여 자산을 관리합니다. 토큰 보유자는 이러한 자산에서 발생하는 수익에 대한 권리를 가집니다. 토큰화 가능한 자산 유형은 실물 자산 위주입니다. 대표적인 예로 부동산은 신탁에 보관되며, 수익 분배는 기본 자산에서 발생하는 임대 수입이 될 것이며 토큰 보유자에게 분배됩니다. 고가의 예술 작품이나 수집품일 경우 판매 수익이나 전시료가 될 수 있습니다. 수익 외에도 기본 자산의 가치 상승이 수익에 기여할 수 있고, 자산이 판매될 때 가격 상승으로 인한 수익을 토큰 보유자가 누릴 수 있습니다. 이 모델은 일반적으로 관리 및 운용이 신탁에 의해 처리되고, 토큰 소유자는 수익 분배를 받는 수동적인 수익 접근 방식을 제공합니다.

둘째, **투자계약증권 모델**입니다. 이 모델은 투자자 및 다른 사람의 적극적인 노력으로부터 주로 발생하는 수익을 목적으로 하는 프로젝트나 무형자산에 대한 투자형태를 보여줍니다. 무형자산과 같은 토큰은 주식과 유사한 지분을 나타내며, 수익은 비즈니스의 성공과 수익성에 따라 발생됩니다. 프로젝트 파이낸싱과 같은 특정 프로젝트에 대한 자금이 필요한 경우 토큰은 프로젝트의 미래 수익과 같은 수익에 대한 지분을 나타냅니다. 투자자는 투자한 무형자산이나 프로젝트의 운용 성공에 더 적극적으로 관여하거나 관심을 가지게 됩니다. 이 모델은 일반적으로 더 높은 위험을 수반하지만, 비즈니스나 프로젝트의 성공에 따라 더 높은 보상을 제공할 수 있습니다.

신탁증권 모델은 안정적이고 수동적인 수입 접근 방식을 제공하는 반면, 투자계약증권 모델은 비즈니스나 프로젝트 성과에 기반한 적극적이고 활동적인 수익을 제공합니다. 이들 모델 간의 선택은 자산의 성격, 투자 전략 및 투자자의 위험 선호도에 따라 달라질 수 있습니다. 이 두 가지 비즈니스 모델 형태를 주요 항목별로 정리해 보면 다음 표[6]과 같습니다.

| 표 6 | 토큰 증권 대상 자산 유형별 비즈니스 모델 |

구분	신탁증권 모델	투자계약증권 모델
주요자산	[실물자산 위주] 부동산, 수집품, 예술 작품 등	[비실물자산 위주] 프로젝트, 무형자산 등
투자성격	[수동적] 자산 수익 또는 가치상승으로 이익을 얻지만 적극적인 자산 관리에는 미참여	[적극적] 비즈니스나 프로젝트의 성공과 연계
수익	자산 수익(임대료, 배당금 등) 및 자산 가치 상승	비즈니스 수익, 프로젝트 수익, 자본 가치 상승
투자자 역할	재정적 이익에 국한(신탁 또는 자산 관리자가 관리)	비즈니스 관련 투표권 또는 의사결정에 영향력을 가짐
유동성 수준	토큰화를 통해 향상되지만 시장 상황 및 자산 유형에 따라 다름	해당 비즈니스가 성공하고 토큰에 수요가 있을 경우 더 높을 수 있음
규제 고려사항	신탁법 및 특정 자산 규제를 준수	자세한 공시가 요구되는 증권 규제 준수
수익분배	자산 성과에 따라 정기적으로 분배(임대 수입이나 배당금과 같은 수동적 수입)	비즈니스 성과에 따라 수익 분배(배당금 또는 이자 지급 포함 가능)
시장 접근성	전통적으로 독점적인 자산을 일반 대중에게 접근 가능하게 하여 진입 장벽 낮춤	무형자산 및 프로젝트에 대한 투자를 민주화하여 더 넓은 범위의 투자자에게 새로운 기회 제공
투명성 및 관리	블록체인을 통한 자산 관리 및 수익 분배에서의 향상된 투명성	블록체인 기술을 통해 비즈니스/프로젝트 성과 및 토큰 거래의 투명성이 증가

결론적으로 블록체인 기반의 토큰 증권은 비즈니스 혁신과 블록체인 기술의 채택을 촉진함으로써 일자리 창출과 새로운 비즈니스 모델 개발에 유용한 도구로서 역할을 충분히 할 수 있습니다. 토큰 증권의 사용이 지속적으로 확대됨에 따라 기업, 투자자 및 규제 기관은 이 새로운 기술의 잠재적 이점을 인식하고 이 기술의 책임 있는 성장과 개발에 지속적인 관심을 가져야만 할 것입니다.

3 개인 정보 보호: 비밀을 안전하게 유지하기

블록체인 기반 토큰 증권은 개인 정보 보호와 데이터 보안을 강화하여 금융 산업에 혁신을 일으킬 수 있는 잠재력을 가지고 있습니다. 블록체인 기술의 분산된 특성과 암호화 기능이 결합되어 중요한 정보를 보호하고 금융 거래의 기밀성을 유지하는 데 도움이 됩니다.

3-1. 개인 정보 보호(Privacy)

토큰 증권의 기반이 되는 블록체인 기술은 개인 정보가 처리되고 보호되는 방식을 근본적으로 재구성할 수 있는 잠재력을 가지고 있습니다.

A 익명성과 가명성(Anonymity and pseudonymity)

블록체인 기술은 거래에 참여하는 사용자들에게 익명성과 가명성을 가능하게 합니다(Zohar, 2015). 공용 블록체인은 사용자가 익명 주소를 사용하여 서로 거래할 수 있게 해주고 사용자의 실제 신원을 쉽게 추적할 수 없도록 보장합니다. 공용 블록체인은 여러 사용자가 공유하며 동시에 업데이트할 수 있는 분산형 데이터베이스 시스템입니다. 이러한 블록체인은 중앙 기관 없이도 신뢰성 있는 거래 정보 교환을 가능하게 합니다. 공용 블록체인은 모든 사용자가 네트워크에 참여하고 데이터의 일부를 보유하며, 거래를 확인하고 기록하는 과정을 공동으로 수행합니다. 이로써 데이터의 무결성과 신뢰성을 보장할 수 있습니다. 대표적으로 비트코인과 이더리움은 암호화폐와 스마트 컨트랙트를 구현하는 플랫폼으로 사용됩니다. 공용 블록체인의 장점은 중앙 기관이 없어도 신뢰할 수 있는 거래가 가능하다는 점과 정보가 분산되어 있어 해킹 공격이 어렵다는 것입니다. 하지만 확장성과 성능의 문제, 에너지 소모 등의 단점도 있습니다.

공용 블록체인의 사용 사례로는 금융 거래, 공급망 관리, 투표 시스템, 의료 기록 관리 등이 있습니다. 그중 투표 시스템의 경우 블록체인 기반 아이오티 IoT 메인넷 프로젝트 립체인(ReapChain)[6]은 "기존 온라인 투표 시스템의 신뢰성 문제를 블록체인으로 해결하고 투명한 투표 문화 조성을 위해 한국블록체인산업진흥협회(KBPIA)와 업무협약(MOU)을 체결했다."고 밝혔습니다. 블록체인의 구조적 특성상 위변조가 불가능한 점을 이용해 미국, 러시아 등에서 투표시스템에 블록체인을 시범 도입하고 있는데, 우리 정부도 2021년부터 블록체인 기반 온라인 투표시스템을 시행한다고 밝혔습니다. 한국블록체인산업진흥협회는 온라인 투표 시스템의 향후 비즈니스 모델 발굴 및 사업 운영, 확산과 관련된 자문을 제공할 예정이고, 립체인은 온라인 투표 시스템 서비스 인프라 구축과 운영, 사업화 추진을 위한 기획 마케팅을 담당하기로 하였습니다.

이러한 다양한 분야에서 블록체인은 중개자 없이도 신뢰성 있는 거래와 데이터 관리를 지원하는 역할을 하고 있습니다. 이를 통해 사용자의 개인 정보를 보호하고 금융 거래를 위한 보다 안전한 환경을 제공할 수 있습니다.

---

6   출처: https://www.bloter.net/news/articleView.html?idxno=35290 기사 발췌 및 요약(2023년 10월 3일 검색)

Ⓑ 기밀 거래(Confidential transactions)

블록체인 기반 토큰 증권은 참여자들이 거래 자체의 구체적인 내용을 밝히지 않고 거래의 유효성을 증명할 수 있는 제로 지식 증명과 같은 암호화 기법을 활용하여 기밀 거래를 활성화할 수 있습니다(Sasson et al., 2014). "제로 지식 증명"은 암호학과 컴퓨터 보안 분야에서 사용되는 개념으로서 이 기술은 어떤 주장이 사실임을 증명하는 동안 실제 정보를 노출하지 않고 검증하는 메커니즘을 제공합니다. 주로 온라인에서 개인 정보를 보호하거나 데이터의 신뢰성을 입증해야 할 때 활용됩니다. 제로 지식 증명은 "증거"를 제공하지 않으면서도 두 당사자 간에 한 쪽이 어떤 정보를 알고 있다는 사실을 입증합니다. 이는 블록체인 기술과 같은 분야에서 특히 유용하게 사용됩니다.

예를 들어, 사용자가 나이를 증명하려면 실제 나이를 노출하지 않고도 시스템에 나이를 제출하고 검증할 수 있습니다. 이러한 기술은 개인정보와 보안을 강화하면서도 신뢰성 있는 데이터 교환을 가능하게 해 줍니다. 이를 통해 관련 당사자의 신원과 거래 정보 같은 중요한 정보를 공개하지 않고 토큰 증권을 거래할 수 있어 모든 참가자의 개인 정보 보호를 강화할 수 있습니다.

3-2. 데이터 보안(Data Security)

Ⓐ 분산과 불변성

블록체인 기술의 분산된 특성으로 인해 단일 개체가 전체 네트워크를 제어할 수 없으므로 데이터 조작 및 무단 접근 위험이 줄어듭니다(Swan, 2015). 블록체인의 핵심 기능 중 하나는 불변성입니다. 즉, 데이터가 블록체인에 기록되면 변경하거나 삭제할 수 없습니다. 이는 소유권 및 거래 데이터의 무결성과 투명성을 보장하므로 토큰 증권의 측면에서는 특히 유용합니다. 이 설정에서는 이중 지출 또는 거래 내역 변경과 같은 사기 행위가 사실상 불가능합니다. 요컨대, 블록체인의 불변성은 악의적인 행위자가 거래 기록을 변경하거나 삭제하기 어렵게 하여 금융 데이터의 무결성과 보안을 보장합니다.

Ⓑ 스마트 계약과 감사

토큰 증권은 스마트 계약을 활용하는 경우가 많은데, 이는 계약 조건이 프로그래밍 코드로 작성된 자체 실행 계약입니다. 이러한 스마트 계약을 사용하면 거래 기록과 실행에서 오류와 조작의 위험을 줄일 수 있습니다. 또한 모든 트랜잭션은 블록체인에서 투명하고 변경할 수 없기 때문에 완벽한 감사 추적을 제공합니다. 이렇게 향상된 투명성과 보안은 금융 시장의 신뢰와 효율성을 높이는 데 기여할 수 있습니다. 또한 블록체인 기술은 공개 키 암호화 및 보안 해싱 알고리즘을 활용하여 네트워크에서 전송과 저장되는 데이터의 기밀성, 무결성 및 신뢰성을 보장할 수 있습니다.

예를 들어, 어느 기업이 회사의 지분을 나타내는 토큰 증권을 발행하기로 결정했다고 가정해 봅시다. 이러한 토큰과 관련된 발행, 소유권 및 모든 거래데이터는 블록체인에 안전하고 변경 불가능하게 기록됩니다. 이를 통해 관련된 모든 당사자에게 데이터가 투명하면서 변경되거나 변조될 수 없음을 보장합니다.

그러나 블록체인이 데이터 보안을 강화할 수 있지만 만병통치약은 아니라는 점에 대해서는 각별히 유의해야 합니다. 여전히 "51% 공격[7]" 또는 스마트 계약 코드의 잠재적인 약점과 같은 문제에 취약하다는 면을 가지고 있습니다. 또한 GDPR(General Data Protection Regulation)과 같은 데이터 개인정보보호 규정은 "잊힐 권리" 조항과 블록체인의 호환성에 대한 의문을 제기하기도 합니다. 따라서 신중하고 사려 깊은 구현이 중요하다고 할 수 있습니다.

요컨대, 블록체인 기반 토큰 증권은 금융 부문 내에서 개인정보보호와 데이터 보안을 크게 향상시킬 수 있는 잠재력을 가지고 있으며, 분산과 불변성, 익명성과 암호화 같은 블록체인 기술의 고유한 기능을 활용하여 금융 거래를 위한 보다 안전한 환경을 제공할 수 있습니다.

> ※ GDPR(General Data Protection Regulation)은 2018년 5월 25일에 시행된 유럽연합(EU)의 개인정보보호 규정입니다. GDPR는 개인정보보호와 데이터 처리에 관한 규정을 포함하며, 유럽연합의 기업과 단체가 개인정보를 처리하고 보호하는 방식을 규제하고 있습니다. 이 규정은 개인의 권리와 개인정보의 안전성을 강화하고, 기

---

7 "**51%의 공격**"은 블록체인과 관련된 용어 중 하나입니다. 이 용어는 블록체인 네트워크에서 공격자가 50% 이상의 컴퓨팅 파워를 통해 네트워크를 제어하거나 조작하는 공격을 나타냅니다. 이를 통해 공격자는 거래를 거부하거나 재사용하거나 블록체인의 일부를 변경하여 불법적인 이익을 얻을 수 있습니다. 51%의 공격은 블록체인의 분산성과 안정성을 위협할 수 있는 중요한 위험 요소 중 하나로 여겨지고 있습니다. 블록체인 네트워크는 분산된 참여자들에 의해 컨센서스 메커니즘을 통해 보호되어야 합니다.

업이 개인정보를 처리할 때의 투명성과 책임을 강조하고 있습니다. GDPR의 주요 내용은 다음과 같습니다.

첫째, 개인정보 처리는 합법성, 정당성, 투명성 등의 원칙을 준수해야 합니다.

둘째, 개인은 개인정보에 대한 입력, 수정, 삭제, 이동 등의 권리를 가지며, 이러한 권리를 행사할 수 있어야 합니다.

셋째, 개인정보 처리에 대한 명시적이고 자유의지에 따른 동의가 필요합니다.

넷째, 개인정보 보호를 위해 적절한 보안 조치를 취해야 합니다.

다섯째, 개인정보 처리자와 데이터 제공자는 각각 자신의 역할과 책임을 이행해야 합니다.

GDPR은 개인정보 침해 사고 발생 시 벌금을 부과할 수 있는 규정도 포함하고 있어, 기업들은 개인정보 보호에 특히 신경을 써야 합니다. 이는 유럽연합 내부뿐만 아니라 유럽연합과 데이터를 주고받는 국가들 간에 영향을 미치고 있습니다.

4 교육과 대중 인식: 토큰 증권에 대한 지식 확산

블록체인 기반 토큰 증권은 금융 부문을 변화시킬 수 있는 잠재력을 가지고 있지만, 그들의 광범위한 채택과 성공은 기술에 대한 교육과 대중의 인식을 끌어올리는데 달려 있다고 해도 과언이 아닙니다. 블록체인 기술과 그 응용 프로그램에 대한 이해와 지식을 높임으로써 개인, 기업 및 규제 기관은 토큰 증권의 사용 및 구현에 대해 객관적인 정보에 입각한 결정을 내릴 수 있습니다. 새로운 지식과 이해가 필요한 새로운 영역으로써 교육과 대중 인식의 중요성에 대해 논의하고 이해와 채택을 촉진하기 위한 전략을 모색해야 할 것입니다.

4-1. 교육의 중요성과 대중의 인식

A 정보에 입각한 의사 결정

블록체인 기반 토큰 증권에 대한 교육과 인식이 향상되면 이해관계자인 투자자, 기업 및 규제 기관이 이 기술의 사용 및 구현에 대해 정보에 입각한 의사 결정을 내릴 수 있습니다(Swan, 2015). 토큰 증권과 관련된 잠재적 이점과 리스크 및 과제를 이해하면 이해 관계자가 새로운 환경을 탐색하고 기술을 효과적으로 활용할 수 있는 전략을 개발하는 데 도움이 될 수 있습니다.

B 신뢰 구축

교육과 대중의 인식은 블록체인 기반 토큰 증권에 대한 신뢰를 구축하는 데 많은 역할을 할 수 있습니다(Tapscott & Tapscott, 2016). 이해 관계자들은 각종 리스크 및 불편한 오해를 해결하고, 기술에 대한 정확한 정보를 제공함으로써 토큰 증권에 대한 보다 긍정적인 인식을 고취시키며 광범위한 사용을 장려할 수 있습니다.

4-2. 교육 및 대중의식 고취를 위한 전략

A 교육 이니셔티브(Educational initiatives)

투자자, 기업, 규제기관 등 다양한 이해관계자를 대상으로 한 교육 이니셔티브를 개발하고 실행하면 블록체인 기반 토큰 증권에 대한 이해와 인식을 증진하는 데 커다란 도움이 됩니다(Mougayar, 2016). 이를 위해 기술, 응용 프로그램 및 금융 부문에 미치는 잠재적 영향에 대한 포괄적인 지식 정보를 제공하는 워크샵, 세미나, 온라인 과정 등과 같이 적극적인 교육 실행이 필요합니다.

B 협업과 파트너십(Collaboration and partnerships)

업계 관계자, 학계와 정부 간의 협업과 파트너십을 구축하여 지식 공유를 활성화하면 블록체인 기반 토큰 증권에 대한 한층 업그레이드된 이해를 촉진할 수 있습니다(Tapscott & Tapscott, 2016). 이러한 협업과 파트너십은 연구 이니셔티브를 지원하고, 교육 리소스를 개발하며, 기술과 그 의미에 대한 대화와 토론의 장을 제공할 수 있습니다. 이에 대해 실제 전 세계의 대학교에서는 공식 교육으로써 현재 블록체인 기술, 암호화, 스마트 계약 프로그래밍 등의 과정을 제공하고 있습니다.

실제 디지털 화폐 석사 학위를 제공하는 니코시아 대학교[8], 블록체인 및 암호화폐 과정을 제공하는 매사추세츠 공과대학교(MIT)와 스탠퍼드 대학교가 있습니다. 이를 통해 학생들은 빠르게 진화하는 산업에서 일하는 데 필요한 기술을 갖추게 될 뿐만 아니라 기술에 대한 전반적인 이해와 신뢰를 높이고 있습니다. 또한 회사, 전문 교육 제공자 및 비영리 조직은 블록체인 및 관련 분야에서 전문 과정 및 인증을 제공하고 있습니다. 예를 들어, 블록체인 협의회 Blockchain Council[9]은 'Certified Blockchain Expert' 프로그램을 제공하고 있으며, GAFM(Global Academy of Finance and Management)[10]는 'Certified Cryptocurrency Consultant' 라는 암호화폐 컨설턴트에 대한 자격 인증 프로그램을 운영하고 있습니다. 이러한 이니셔티브는 금융, 기술, 법률 등의 전문가가 블록체인 기술과 토큰 증권을 명확히 이해하고 효과적으로 사용할 수 있도록 전문교육서비스를 제공하고 있습니다.

---

8 니코시아대학교(UNIC)는 키프로스 수도 니코시아에 메인 캠퍼스가 있는 사립 종합대학교이며, 1980년에 설립되었습니다. 키프로스에서 가장 큰 대학교이며 국제화와 글로벌 전략에 따라 그리스 아테네와 루마니아 부쿠레슈티, 미국 뉴욕시에 교육센터를 운영하고 있습니다. 세계 최초로 가상화폐와 블록체인 분야에서 학사와 석사학위 과정을 제공합니다.

9 블록체인 협의회(Blockchain Council)는 2017년 12월 11일에 설립되었습니다. 본부는 미국 캘리포니아주 월넛에 있습니다. 블록체인 협의회는 블록체인 기술에 대해 개인과 조직을 교육하고 훈련하는 것을 목표로 하는 권위 있는 그룹입니다. 그들은 사람들이 블록체인 개념, 응용 프로그램 및 개발에 대해 더 깊이 이해할 수 있도록 다양한 과정, 인증 및 교육 프로그램을 제공합니다. 또한 협의회는 블록체인 채택을 촉진하고 블록체인 커뮤니티 내에서 네트워킹 기회를 촉진하기 위해 노력하고 있습니다.

10 GAFM(Global Academy of Finance and Management)은 2003년 1월 23일에 설립되었습니다. 미국에서 설립되었으며 국제적으로 운영되며 금융 및 경영 분야의 인증 프로그램과 전문 교육 서비스를 제공합니다.

C 미디어와 대중 홍보(Media and public outreach)

소셜 미디어, 뉴스 매체, 출판물 등 다양한 미디어 채널을 활용하면 블록체인 기반 토큰 증권에 대한 정보를 확산하고 대중의 인지도를 높일 수 있습니다(Mougayar, 2016). 토큰 증권의 잠재적인 이점을 활용하여 매력적인 콘텐츠를 개발하고 널리 공유하면 보다 수용적인 대중을 양성하는 데 많은 기여를 할 수 있습니다.

토큰 증권에 대한 교육과 대중의 인식을 촉진하는 것은 이 새로운 기술의 성공적인 채택을 보장하는 데 초석이 될 것이며, 혁신과 변화의 속도를 고려할 때 교육과 학습이 특히 중요해지는 분야입니다. 교육 이니셔티브를 구현하고 협업과 파트너십을 강력히 추진하며, 아웃리치 out-reach[11]를 위한 미디어 채널을 활용함으로써 이해 관계자들은 금융 부문 내에서 토큰 증권의 성장과 개발을 지원할 수 있습니다. 금융 환경이 계속 발전함에 따라 모든 참가자가 블록체인 기반 토큰 증권의 밝은 미래를 형성하는 데 있어 교육과 인식의 중요성을 다시 한번 숙고하는 것이 중요합니다.

---

11 "아웃리치(outreach)"는 주로 마케팅이나 커뮤니케이션 분야에서 사용되는 용어로, 기업이나 단체가 타겟 대상에게 정보나 제품, 서비스 등을 홍보하거나 전달하기 위해 다양한 활동을 수행하는 과정을 의미합니다. 이는 주로 소셜 미디어, 이메일, 이벤트, 컨텐츠 제작 등 다양한 방식으로 이루어지며, 대상 그룹과의 상호 작용을 통해 더 많은 사람들에게 도달하고 관심을 끌기 위한 목적으로 진행됩니다. "아웃리치" 활동은 기업이나 단체의 브랜드 인식을 높이고 고객과의 관계를 강화하는 데 도움을 주는 중요한 전략적 요소 중 하나입니다.

VII

도전과 기회

도전과 기회

1 규제 환경: 법적 요구 사항 탐색

블록체인 기반 토큰 증권의 급속한 개발과 성장은 규제 기관이 따라잡을 수 있는 능력을 앞지르면서 복잡하고 불확실한 규제 환경을 초래했습니다. 이번 섹션에서는 토큰 증권이 직면한 규제 환경을 좀 더 자세히 살펴보고 이러한 이슈가 시장 참가자와 규제 기관에 미치는 영향을 살펴볼 것입니다.

1-1. 규제 환경

Ⓐ 토큰 증권 분류

토큰 증권이 직면한 주요 규제 과제 중 하나는 기존 법적 프레임워크 내에서 분류하는 것입니다(Brummer & Yadav, 2018). 토큰 증권은 기존 금융 상품 범주에 깔끔하게 들어맞지 않는 특성을 갖는 경우가 많아 법적 지위와 적용 가능한 규정에 대한 불확실성이 발생합니다. 이러한 모호성으로 인해 발행자와 투자자가 적절한 규제 요구사항과 의무를 결정하기 어려워져 비준수와 시행 조치의 가능성이 증가할 수 있습니다.

국내의 경우는 2023년 2월 금융위원회에서 발표한 내용을 보면 다음 그림과 같이 토큰 증권의 정의와 자본시장법상 토큰 증권은 투자계약증권[1]으로 분류하고 있습니다.

그림 20.

토큰 증권(Security Token)**의 분류**[2]

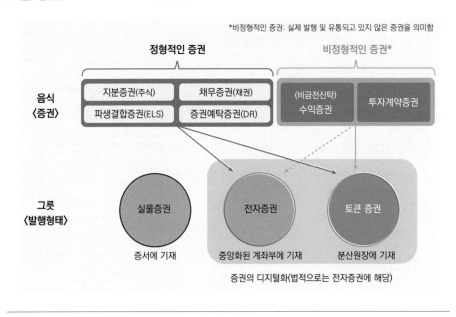

---

1 국내에서 투자계약증권은 오로지 타인의 노력으로부터 이익을 기대하는 기업 또는 프로젝트에 대한 투자를 나타내는 금융상품을 의미합니다. 이러한 증권에는 일반적으로 제3자가 관리하는 프로젝트나 기업에 자금을 조달하기 위해 여러 투자자의 자금을 모으는 것이 포함됩니다. 예로는 부동산 개발 프로젝트, 인프라 프로젝트 또는 스타트업에 대한 투자가 있습니다. 투자계약증권은 금융위원회(FSC) 및 기타 관련 규제기관의 규제를 받습니다. 이러한 증권 발행자는 투명성과 투자자 보호를 보장하기 위해 공개 요구 사항 및 등록 절차를 준수해야 합니다. 또한, 투자자는 투자와 관련된 위험을 평가하고 발행자가 규제 표준을 충족하는지 확인하기 위해 실사를 수행해야 합니다.

2 출처: 금융위원회 토큰 증권 발행 유통 규율 체계 정비방안 발표 자료(2023년 2월)

상세 규제 정비 방안은 2023년 하반기에 발표할 예정이였으나, 2024년 중반 기준 아직 발표가 되지 않은 상태라 구체적인 규제사항은 시간을 갖고 지켜봐야 하는 상황입니다.

B 국경을 초월한 규제(Cross-border regulation)

블록체인 기반 토큰 증권은 글로벌하게 발행, 거래 및 보유가 가능하기 때문에 여러 국가에서 다양한 규제를 적용 받을 수 있습니다(최지웅 & 나오고, 2020). 특히 규제 요구사항이 상충되거나 중복되는 경우 시장 참가자들에게 이러한 규제 정책을 적용하는 것은 복잡한 프로세스가 될 수 있습니다. 대부분의 규제 기관이 아직 토큰 증권 규제의 글로벌한 측면에 대해 구체적인 지침을 발표하지 않았기 때문에 이 문제는 더욱 복잡한 양상을 띠고 있습니다.

C 보관과 자산 관리(Custody and asset management)

디지털 특성과 기록 보관을 위한 블록체인 기술의 사용과 같은 토큰 증권의 고유한 특성은 보관과 자산 관리에 대한 규제 사항에 대해 새로운 시대적 요구사항이 반영되기를 기대합니다(Workie & Jain, 2017). 더불어 기존의 자산 관리자는 토큰 증권을 처리하는 데 필요한 인프라나 전문 지식이 없을 수 있으므로 이러한 디지털 자산의 안전한 처리를 보장하기 위한 새로운 규제 프레임워크와 정비 사항들을 신속히 갖춰 나아가야만 합니다.

Ⓓ 투자자 보호

규제 당국은 블록체인 기반 토큰 증권에 대한 투명성과 시장 무결성 측면에서 투자자에게 발생할 수 있는 잠재적 위험에 대해 우려하고 있습니다(Brummer & Yadav, 2018). 토큰 증권 오퍼링(STO)이 투자자에게 투명한 정보를 제공하면서 공정하고 질서 있는 시장을 유지하도록 보장하는 것은 투자자 보호의 필요성과 토큰 증권 시장의 성장을 지원하려는 규제 기관의 핵심 과제이기도 합니다.

1-2. 잠재적 해결책

Ⓐ 규제 지침

복잡한 규제 환경을 해결하기 위해서는 규제 당국이 토큰 증권의 분류, 발행, 거래, 보관 및 관리에 대한 명확한 지침을 발표하는 것이 필수적입니다(Brummer & Yadav, 2018). 여기에는 토큰 증권의 고유한 특성과 위험에 특별히 맞춘 새로운 규정의 개발과 새로운 기술을 수용하기 위한 기존 규제 지침의 수정이 포함됩니다. 이는 상당히 복잡한 상황에 직면할 수도 있는데, 국내의 경우도 '23년 2월 금융위원회에서 토큰 증권 시장에 대한 공식 발표 이후 상세 규제 지침사항이 아직 나오지 않는 것을 보면 여러가지 복잡한 상황에 직면하고 있음을 짐작할 수 있습니다.

Ⓑ 국제 협력

글로벌한 토큰 증권의 특성을 고려할 때 일관되고 현실에 적합한 규제를 개발하기 위해서는 규제 기관 간의 국제 협력이 중요합니다(김갑래,

2021). 국제 워킹 그룹의 설립과 같은 협력적인 노력은 국가 간의 규제를 조화시키고 시장 참여자들의 규정 준수 부담을 줄이는 데 커다란 도움이 될 것입니다.

Ⓒ 자율규제

금융 분야에서는 아직 성숙한 단계는 아니지만 경우에 따라 업계 자율 규제는 토큰 증권이 제기하는 문제에 대한 보완적인 해결책을 제공할 수도 있을 것입니다. 업계 모범 사례, 행동 강령 및 자체 규제 조직을 개발함으로써 시장 참가자는 규제 격차를 해소하고 토큰 증권 시장에 대한 신뢰를 높일 수 있습니다.

예를 들면, 2023년 말 금융당국의 발표에 의하면 규제 중심의 국내 금융보안 패러다임 변화의 한 축으로, 새로운 보안위협에 능동적으로 대응하기 위해 자율보안체계로의 전환 즉, '자율과 책임' 기반의 보안체계 수립 운영을 발표했습니다. 금융회사 스스로 보안 리스크를 분석 평가하고, 리스크에 기반한 자율 책임 중심의 보안체계 수립과 운영을 강조한 것입니다. 물론 업계의 자율 규제는 이해관계 당사자 간에 신뢰 구축이 선행되어야 할 것입니다.

결론적으로 규제 환경은 블록체인 기반 토큰 증권의 성장과 채택에 대한 중요한 과제를 나타냅니다. 규제의 명확성을 추구하고, 국제 협력을 촉진하며, 자율 규제를 지원함으로써 시장 참가자와 규제 기관은 복잡한 규제환경을 극복할 수 있을 것입니다. 또한 이러한 노력은 금융 시장에서 토큰 증권의 잠재력을 최대한 발휘할 수 있는 기반을 다지는데 초석이 될 것입니다. 즉, 토큰 증권의 성공적인 구현과 성장에는 규제의 복잡한 환경을 극복하는 것이 핵심적인 사안입니다. 시장 참가자는 규제 기관과 적극적으로 소통하고 다른 업계 관계자와 협력하여 투자자 보호, 시장 무결성 및 재정 안정성을 보장하는 동시에 금융 혁신을 추구하는 규제 환경을 형성할 수 있습니다. 규제에 대한 이러한 균형 잡힌 접근 방식은 토큰 증권의 잠재력을 최대한 발휘하고 보다 효율적이고 투명한 금융 시스템 환경을 위한 길을 터주는 데 필수적입니다.

빠른 기술 변화와 더불어 금융 시장의 판도가 계속해서 진화함에 따라 규제 기관은 민첩한 대응력을 유지해야 합니다. 규제 기관, 시장 참가자 및 학계 간의 지속적인 협력은 새로운 위험을 식별하고 모범 사례를 공유하며 토큰 증권이 제기하는 고유한 문제를 해결하는 맞춤형 규제 환경을 만들어가는 데 매우 중요합니다. 이러한 규제에 대해 원활한 소통을 기반으로 한 협력적 접근 방식을 채택함으로써 이해 관계자들은 함께 협력하여 토큰 증권의 혁신적인 잠재력을 활용하고 글로벌 금융 생태계 내에서 긍정적인 변화를 주도할 수 있도록 해야 할 것입니다.

2 시장 수용과 신뢰: 투자자의 신뢰 구축

금융 산업에서 블록체인 기반 토큰 증권을 성공적으로 구현하려면 투자자, 금융 기관 및 규제 기관을 포함한 다양한 이해 관계자들의 광범위한 시장 채택과 신뢰가 필요합니다. 이번 섹션에서는 토큰 증권의 시장 채택과 신뢰 구축에 관련된 당면 과제를 알아보고 이러한 한계점을 극복하기 위한 방안들에 대해서 살펴보도록 하겠습니다.

2-1. 시장 채택과 신뢰에 대한 당면 과제

A 이해와 인식 부족

블록체인 기술의 분산형 네트워크는 모든 이해당사자에게 공개적으로 사용 가능한 정보를 제공하고 분산된 합의 정보를 통해 거래 정보를 검증하며, 참여자 간에 중복된 정보를 분산형 네트워크에 저장합니다. 해당 과정을 통해 거래에 대한 신뢰를 달성하면 분산된 정보에 대한 저장 비용이 많이 증가할 수 있습니다(김협, 김민수 & 권혁준, 2021). 이러한 고비용의 인식으로 인해 토큰 증권에 대한 시장 채택과 신뢰를 가로막는 중요한 장벽 중 하나는 기술에 대한 이해와 인식이 부족하다는 것입니다. 토큰 증권의 개념과 잠재적 혜택에 대해 잘 알지 못하기 때문에 이러한 금융 상품을 취급하는 것에 회의감과 거부감을 가질 수 있습니다.

B 보안 위협

토큰 증권은 매우 안전한 것으로 인식되는 블록체인 기술을 기반으로 운영됩니다. 하지만 블록체인의 가용성을 저하시키는 디도스 DDoS 공격이 가능하며, 이러한 형태의 공격에 대해서 아직까지 해결 방안이 부족한 상황이며, 난처한 상황에 빠지기도 합니다. 또한 퍼블릭 블록체인은 익명성을 가지기 때문에 거래 사기, 자금 세탁 등 비정상거래에 대한 탐지가 어렵고, 블록체인 특성상 이미 수행된 거래를 취소할 수 없기 때문에 복구에 대한 이슈도 존재함을 부인할 수 없습니다(김희열, 2018). 이러한 암호화폐 공간에서의 해킹, 도난 등 세간의 이목을 끄는 사건은 토큰 증권의 안전성에 대한 인식에 부정적인 영향을 미칠 수 있습니다. 이로 인해 사용자는 투자의 보안과 무결성에 대한 우려로 토큰 증권 취급을 주저할 수 있습니다.

Ⓒ 규제 불확실성

토큰 증권을 둘러싼 규제 환경은 많은 국가에서 불확실하며, 각 국가의 시장상황과 금융규제 등 사회적, 경제적 여건의 차이로 규제의 방식과 범위 등에 대한 다양한 접근 방식을 채택하고 있습니다(이정수, 2022). 이러한 규제 불확실성은 시장 참여자들이 규제 환경을 탐색하기 어렵게 만들 수 있으며, 토큰 증권을 합법적인 금융 상품으로 취급하고 신뢰하는 것을 방해할 수 있습니다.

2-2. 시장도입과 신뢰구축을 위한 극복 방안

Ⓐ 교육과 대중 인식 캠페인

신뢰를 구축하고 시장 채택을 촉진하기 위해서는 토큰 증권의 이점에 대한 이해와 인식을 높이는 것이 중요합니다. 이는 잠재적 투자자, 금융 기관, 규제 기관을 대상으로 하는 교육과 대중 인식 캠페인을 통해 달성될 수 있습니다. 토큰 증권에 대한 정확하고 접근 가능한 정보를 제공함으로써 모든 이해 관계자는 정보에 입각한 결정을 내리고 기술에 대한 신뢰를 높일 수 있습니다.

Ⓑ 모범 사례와 표준 수립

토큰 증권에 대한 업계 전반의 모범 사례와 표준을 개발하면 신뢰를 구축하고 시장 채택을 촉진하는 데 도움이 될 수 있습니다. 모범 사례에는 토큰 증권 발행 지침, 투자자 보호 조치와 투명한 보고 요구 사항 등이 포함될 것입니다. 다양한 분야에서 토큰 증권의 실제 모범 사례를 보여주면 잠재적 투자자와 사용자가 실질적인 이점과 잠재적 수익을 이해하는 데 한층 수월할 것입니다.

다양한 모범사례를 통해 수립된 표준을 준수함으로써 토큰 증권 발행자는 투명성, 책임성과 투자자 보호에 대한 의지를 입증할 수 있으며, 이는 시장 참가자 간의 신뢰를 구축하는 데 커다란 역할을 할 수 있을 것입니다.

Ⓒ 규제 기관과의 긴밀한 협력

규제의 불확실성이 시장 채택과 신뢰에 중대한 장벽으로 남아 있기 때문에 이러한 우려를 해결하기 위해서는 규제 기관과의 긴밀한 협력이 필수적입니다. 업계 이해 관계자와 규제 기관 간의 긴밀한 협업을 통해 토큰 증권에 대한 보다 일관되고 시장 친화적인 규제 환경을 형성할 수 있으며, 이를 통해 신뢰를 증진하고 시장 채택을 촉진할 수 있을 것입니다.

Ⓓ 사용자 친화적인 인터페이스와 플랫폼 개발

시장 채택과 신뢰를 촉진하기 위해서는 경험이 풍부한 투자자와 초보 투자자 모두에게 적합한 사용자 친화적인 인터페이스와 플랫폼을 개발하는 것이 필수적입니다(Zohar, 2015). 토큰 증권에 투자하고 포트폴리오를 관리하며 관련 정보에 쉽게 접근하고 프로세스를 단순화하는 직관적인 사용자 친화적인 환경을 구축하는 것이 요구될 것입니다. 토큰 증권 이용과 관련된 일련의 과정에 대해 복잡성을 줄임으로써 시장 참가자들은 토큰 증권을 채택하고 관련 기술을 신뢰할 가능성이 높아집니다.

결론적으로 토큰 증권에 대한 시장 채택과 신뢰를 촉진하려면 이해와 인식, 보안 문제, 규제 불확실성 및 사용자 경험과 관련된 문제를 해결하는 다각적인 접근 방식이 필요합니다. 교육과 대중 인식 캠페인을 실천하고, 규제 기관과 긴밀히 협력하며 성공적인 모범 사례를 보여줌으로써, 이해 관계자들은 신뢰를 증진하고 가치 있는 금융 수단으로서 토큰 증권을 널리 채택할 수 있습니다.

3 성장 과제: 장애물 극복 및 기회 포착

블록체인 기반 토큰 증권은 빠른 속도로 전통적인 금융 시장의 변화를 가속화시켜 혼란스럽게 하기도 하지만 다양한 산업 전반에 걸쳐 전례 없는 성장 기회를 창출할 수 있는 잠재력을 가지고 있습니다. 이 섹션에서는 토큰 증권이 금융 시장의 혁신을 주도하고, 투자자와 기업을 위한 새로운 성장 기회를 창출하는 측면에 대해 살펴보도록 하겠습니다.

3-1. 전통적인 금융 시장의 혁신

A 진입 장벽 감소

토큰 증권은 기업이 자본을 조달할 수 있는 보다 손쉬운 접근성과 비용 효율적인 방법을 제공함으로써 금융 시장 진입 장벽을 현저히 낮출 수 있습니다(Narayanan et al., 2016). 이것은 기업가 정신을 장려하고, 경쟁을 촉진하며 경제 성장을 자극할 수 있습니다.

B 투명성과 신뢰성 향상

블록체인 기술의 투명성은 소유권과 거래 내역 등 관련 정보에 실시간으로 접근할 수 있도록 함으로써 시장 참여자들의 신뢰를 높일 수 있습니다(Tapscott & Tapscott, 2016). 투명성이 높아지면 시장에 대한 신뢰도를 높여 추가 참여와 투자를 유발시킬 수 있습니다.

3-2. 성장 기회

Ⓐ 자본 풀 확장(Expanding capital pools)

토큰 증권은 전통적인 금융 시장에서 참여하는 것을 주저해온 개인 투자자와 기관 투자자를 포함하여 더 광범위한 투자자들을 끌어들임으로써 새로운 자본 원천을 활용할 수 있습니다(Subramanian, 2020). 확대된 자본 원천 활용은 시장으로의 자본 유입이 이어져 경제를 활성화하고 성장시킬 수 있는 더 많은 기회를 제공할 수 있습니다.

Ⓑ 금융 혁신

자산의 토큰화는 투자자와 기업의 고유한 요구(투자와 위험관리)를 충족하는 혁신적인 금융 상품과 서비스의 기반을 마련할 수 있습니다(Swan, 2015). 토큰 증권은 토큰화된 자산을 기반으로 하는 파생상품, 상장지수펀드(ETF)와 같은 새로운 금융상품의 개발을 촉진하여 신규 투자와 위험 관리를 동시에 할 수 있도록 만들 수 있습니다.

Ⓒ 시장 효율성 제고

토큰 증권의 채택은 거래, 결제와 같은 다양한 업무처리 프로세스를 자동화하고 중개자의 필요성을 줄임으로써 시장 효율성 증대에 기여할 수 있습니다(Tapscott & Tapscott, 2016). 거래 처리 속도가 빨라지고 비용이 절감되며 유동성이 개선되어 투자자와 기업 모두에게 이익이 될 수 있습니다.

Ⓓ 협업과 파트너십 장려

토큰 증권 생태계가 성장함에 따라 기업과 투자자는 새로운 파트너십과 협업 체계를 구성하여 블록체인 기술과 토큰 증권의 고유한 기능을 활성화시킬 수 있습니다. 이러한 협업을 통해 혁신을 더욱 가속화하고, 새로운 비즈니스 모델을 창출하며, 업계 표준과 모범 사례 개발을 촉진할 수 있습니다.

결론적으로 미래 금융시장을 이끌어갈 블록체인 기반 토큰 증권과 관련된 성장 가능성은 상상을 초월할 수 있습니다. 토큰 증권은 금융투자의 민주화, 투명성 향상, 자본 풀 확대, 금융 혁신 육성, 시장 효율성 증진과 협업 장려를 통해 금융 산업을 혁신하고 경제 성장을 위한 새로운 기회의 장을 열 수 있습니다.

VIII

마무리

마무리

1. 중요한 교훈: 주요 통찰력

전통적인 증권의 거래에 대한 한계와 해결 방안으로 금융 거래 분석 차원의 요소와 블록체인 기반 토큰 증권의 특성을 디지털 트렌스포메이션 Digital Transformation의 주요 특성으로 체계화하여 개념적 구조로 설명했습니다. 그리고 미래 금융 시장의 게임체인저 역할을 할 블록체인 기반 토큰 증권의 경제적 효과와 사회 시스템에 미치는 영향에 대해 상세히 살펴봤습니다. 마무리 섹션에서는 전체 내용을 요약한다는 측면에서 금융 시장을 혁신하고 사회 변화를 주도할 가능성이 매우 큰 토큰 증권의 기술적 기반과 주요 예상 결과들을 간략하게 살펴보도록 하겠습니다.

첫째, 강력하면서도 다양한 분야에 적용이 가능한 기반 기술로서의 블록체인입니다. 블록체인 기술에 대한 분석은 분산적이고 투명하며 안전한 특성을 강조했을 뿐만 아니라 토큰 증권 발행과 거래를 포함한 다양한 사용 사례에 대해 강력한 기능과 적응성을 강조했습니다. 뿐만 아니라 변조 방지와 신뢰할 수 있는 특성으로 인해 새로운 금융 혁신 시대를 위한 강력한 기술 기반이 될 것입니다.

둘째, 개념적인 이야기에서 현실로 다가온 토큰 증권의 진화입니다. 토큰 증권의 진화에 대한 탐구는 투자 환경을 근본적으로 바꿀 수 있는 잠재력을 보여주었습니다. 토큰 증권은 자산을 토큰화함으로써 더 광범위한 그리고 접근 가능한 투자 기회를 제공하고, 기업의 자본 조달 프로세스를 간소화하여 개인과 기관 투자자 모두를 위한 투자 생태계를 조성할 수 있습니다.

셋째, 금융 시장의 게임체인저 역할을 할 경제적 효과 부문입니다. 토큰 증권의 경제적 효과는 금융 거래의 효율성과 투명성 이상으로 혜택이 확장되는 다면적인 것으로 나타났습니다. 토큰 증권은 자본과 투자 기회에 대한 접근성을 증가시킴으로써 기업과 투자자 모두에게 공정한 경쟁 환경을 제공할 수 있습니다. 또한 블록체인 기술의 분권화 특성, 즉 신뢰받는 제3자 없는 거래처리 특성은 중개를 줄이고 거래 비용을 절감하며 리스크 관리를 개선하여 전반적인 금융 안정성에 기여할 수 있습니다.

넷째, 긍정적인 변화 촉진제 역할을 할 사회적 영향 부문입니다. 토큰 증권의 사회적 영향을 상세하게 조사하여 토큰 증권이 일자리를 창출하고 새로운 비즈니스 모델을 가능하게 함으로써 금융 포용을 촉진하고 부를 민주화하며, 커뮤니티에 힘을 실어줄 수 있는 잠재력을 가지고 있음을 밝혔습니다. 토큰 증권은 개인 정보 보호와 데이터 보안을 개선하는 동시에 디지털 자산에 대한 대중 인식을 향상시킬 수 있습니다. 이를 통해 더 많은 대중의 참여와 거래 관련 실시간 정보의 제공으로 이어질 수 있으며, 토큰 증권과 관련 기술의 채택을 더욱 촉진할 수 있습니다.

다섯째, 역동적인 환경속의 규제 부문입니다. 블록체인 기반 토큰 증권을 관리하는 규제를 고찰한 결과, 국가별로 복잡하고 진화하는 양상으로 분석되었습니다. 다양한 국가의 규제 기관들은 혁신과 투자자 보호의 균형을 맞추는 문제에 고심하고 있습니다. 토큰 증권이 지속적으로 인기를 끌면서 규제를 조화시키고 통합된 법적 프레임워크가 구축된다면 채택률을 높이고 글로벌 거래를 간소화할 수 있을 것입니다.

여섯째, 미래의 모습을 보여주고 있는 실제 사용 사례입니다. 블록체인 기반 토큰 증권의 다양한 실제 사용 사례를 살펴보며 전통적인 증권의 한계점을 극복할 수 있는 잠재력을 확인해 보았습니다. 부동산의 토큰화, 예술 및 문화 자산의 토큰화, 인프라 파이낸싱의 토큰화 등 토큰 증권을 활용한 투자 활동 등이 대표적인 사례입니다. 이러한 실사용 사례들은 금융의 잠재적 미래를 엿볼 수 있으며, 토큰 증권의 다양성과 광범위한 영향력을 잘 보여주고 있습니다.

일곱째, 협업과 교육의 중요성입니다. 이 책에서 강조하는 주요 사항 중하나는 규제 기관, 기업, 투자자와 일반 대중을 포함한 다양한 이해 관계자 간의 협업과 교육의 중요성입니다. 협업과 적극적인 교육의 추진은 토큰 증권과 그 영향에 대한 더 깊은 이해를 효과적으로 전달함으로써 미래금융의 게임체인저 역할을 할 토큰 증권의 채택을 가속화할 수 있습니다.

마지막으로 지속가능성과 장기성장 전망입니다. 이 책에서는 토큰 증권의 지속 가능성과 장기적인 성장 전망에 대해 다루었습니다. 토큰 증권은여기서 제시하는 과제를 해결하고 기회를 활용함으로써 보다 지속 가능하고 탄력적인 금융 시스템에 기여할 수 있습니다. 이것은 궁극적으로 세계 경제의 장기적인 성장과 새로운 가치 창출을 위한 기반이 될 것입니다.

결론적으로 블록체인 기반 토큰 증권이 경제와 사회 시스템에 미치는영향에 대한 종합적인 분석은 혁신적인 잠재력을 보여줬습니다. 토큰 증권은 금융 산업에 혁신을 일으키고 보다 투명하며 효과적인 글로벌 경제성장을 창출할 수 있을 것입니다.

2 주요 시사점: 토큰 증권의 영향 이해

토큰 증권의 역할에 대한 개념적 구조 분석, 경제와 사회 시스템에 미치는 영향은 정책과 실행에 대한 몇 가지 시사점을 던져주고 있습니다. 규제 기관, 기업, 투자자는 이러한 영향을 고려함으로써 토큰 증권의 잠재력을 활용하여 금융 산업을 혁신하고 사회에 긍정적인 변화를 가져올 수 있도록 해야 할 것입니다. 다음은 정책과 실행위주의 시사점에 대한 사항입니다.

첫째, **규제 적응과 조화**입니다. 규제 기관은 토큰 증권이 제시하는 고유한 특성과 과제를 해결하기 위해 변화에 적응하고 발전적인 모습으로 대응해야 합니다. 혁신과 투자자 보호의 균형을 맞추는 명확하고 일관된 규제 프레임워크를 개발하는 것은 토큰 증권의 성장과 채택을 촉진하는 데 핵심적인 역할을 할 것입니다. 또한 규제 당국은 국내뿐만 아니라 글로벌 거래를 간소화하고 더 큰 국제 협력을 이끌어 낼 수 있는 국가 간 규제를 조화시키기 위해 노력해야 할 것입니다.

둘째, **혁신과 협업 장려**입니다. 정책 입안자는 토큰 증권 생태계에서 혁신, 협업과 경쟁을 장려하는 환경을 조성해야 합니다. 규제 기관, 기업, 투자자와 기타 이해 관계자 간의 소통을 활성화함으로써 모범 사례를 식별하고, 지식을 공유하며, 토큰 증권 생태계의 성장을 가속화할 수 있는 업계 표준을 만들어 가야 할 것입니다.

셋째, **금융 인프라와 상호 운용성**입니다. 토큰 증권의 성공적인 구현을 위해서는 강력한 금융 인프라와 다양한 블록체인 플랫폼 간의 상호 운용성 개발이 필요합니다. 정책 입안자들은 보다 효율적이고 체계적인 금융 시스템으로 작동이 가능하도록 서로 다른 블록체인이 원활하게 연결될 수 있는 표준화된 프로토콜과 인터페이스의 개발을 지원해야 합니다.

넷째, 교육과 대중 인식 지원입니다. 토큰 증권의 광범위한 채택을 보장하기 위해서는 교육과 대중 인식에 투자하는 것이 중요합니다. 정책 입안자들은 블록체인 기술, 토큰 증권의 경제와 사회에 미치는 영향에 대한 이해를 높이는 교육 프로그램, 연구와 공개 캠페인을 물심양면 지원하는 체계를 갖추어야 합니다.

다섯째, 개인 정보 보호와 데이터 보안 보장입니다. 아직 초기 상태이기는 하지만 토큰 증권이 점차 인기를 끌고 그렇게 하기 위해서라도 정책 입안자와 관련자는 개인 정보 보호와 데이터 보안에 우선 순위를 두어야 합니다. 개인 정보를 보호하고 데이터 침해로부터 보호하기 위한 모범 사례와 지침을 개발하는 것은 토큰 증권 생태계에 대한 신뢰를 구축하고 장기적인 실행 가능성을 보장하는 데 중요한 요소 중 하나입니다.

여섯째, 사회와 경제적 불평등 해소입니다. 토큰 증권은 모든 투자자들에게 투자 기회에 대한 민주화를 실현할 수 있는 잠재력을 가지고 있습니다. 정책 입안자들은 토큰 증권의 이점을 모든 투자자들에게 널리 알리고, 금융 서비스가 부족한 지역사회가 이 새로운 금융 패러다임에 참여하고 혜택을 받을 수 있도록 노력해야 할 것입니다.

일곱째, 지속 가능성과 책임 투자 촉진입니다. 초기임에도 불구하고 토큰 증권이 유명해지면서 많은 관심과 집중 조명을 받음에 따라 정책 입안자와 관계자는 생태계 내에서 지속 가능성과 책임 있는 투자를 촉진해야 합니다. 예를 들어, 환경과 사회적 책임이 있는 프로젝트에 토큰 증권을 사용하도록 장려하면 이 혁신적인 금융 상품의 성장을 글로벌한 지속 가능성 목표와 일치시켜 경제와 사회에 긍정적인 변화를 주도하는 데 커다란 도움이 될 수 있을 것입니다.

여덟째, 리스크 관리 향상입니다. 토큰 증권을 금융 시스템에 통합하려면 포괄적인 리스크 관리 프레임워크를 개발해야 합니다. 정책 입안자는 시장 조작, 사기와 사이버 위협과 같은 토큰 증권과 관련된 고유한 위험을 식별하고 해결하기 위해 협력하는 시스템을 갖추어야 합니다. 그렇게 함으로써, 새로운 기술에 직면하여 금융 시스템의 장기적인 안정성을 보장할 수 있습니다.

아홉째, 공공과 민간 파트너십 구축입니다. 토큰 증권의 채택을 가속화하려면 민관 협력을 장려해야 합니다. 정부, 기업 및 연구 기관 간의 협업을 통해 관심사와 지식을 공유해서 혁신을 추진해야만 토큰 증권 생태계 전반에 이익이 되는 시너지 효과를 창출할 수 있습니다.

마지막으로 기술 개발 모니터링과 적응면입니다. 블록체인 기술과 토큰 증권의 급속한 발전은 지속적인 모니터링과 적응을 필요로 합니다. 기술 발전, 규제 변화와 시장 동향을 지속적으로 파악하는 것은 업계를 선도하고 토큰 증권 생태계가 장기적으로 경쟁력을 유지하는 데 매우 중요합니다.

결론적으로, 토큰 증권을 둘러싼 정책과 실행에 대한 다양한 시사점은 모든 이해 관계자의 사전 예방적이고 전향적인 접근 방식의 필요성을 강조합니다. 정책 입안자는 규제 과제 해결, 혁신 촉진, 개인 정보 보호와 데이터 보안 보장, 교육과 대중 인식 육성, 지속 가능성과 책임 있는 투자 우선순위 지정을 통해 글로벌 경제에서 토큰 증권이 혁신적인 역할을 하는 데 커다란 도움을 줄 수 있습니다.

토큰 증권 분야가 계속 진화함에 따라 향후 사회경제발전의 연구를 위한 여러 가지 사안들을 생각해 볼 수 있습니다. 혁신적 기술이 만들어내고 있는 혁신 금융시장에 대한 영역을 더 깊이 고찰하면 토큰 증권의 잠재력과 한계를 더 잘 이해하고 정책 입안자와 연구자에게 귀중한 통찰력을 제공할 수 있을 것입니다. 다방면으로 알아야 할 것이 많이 있겠지만, 금융시장의 안전한 활성화를 위해서는 우선적으로 토큰 증권의 특징적인 측면과 다양한 산업 및 부문에 미치는 영향에 대한 보다 심층적인 분석이 필요합니다. 이를 포함하여 향후 고찰해야 할 영역은 다음과 같습니다.

첫째, 토큰 증권 도입과 영향에 관한 종단적 연구가 필요합니다. 토큰 증권의 채택과 시간 경과에 따른 영향을 조사하는 종단적 연구는 이 신흥 시장의 역학 관계에 대한 귀중한 통찰력을 제공할 수 있습니다. 이러한 연구는 토큰 증권의 채택, 시장 구조의 진화 및 금융 산업과 사회 전반에 대한 토큰 증권의 장기적인 결과에 영향을 미치는 요인을 탐구할 수 있을 것입니다.

둘째, 규제 접근법의 비교 분석입니다. 서로 다른 국가 간의 규제 접근 방식을 비교하면 모범 사례를 식별할 수 있고 토큰 증권에 대한 조화로운 규제 개발에 도움이 될 수 있습니다. 초기 시장임을 감안하여 혁신을 촉진하고 투자자를 보호하며 금융 안정성을 유지하는 데 있어 다양한 규제 프레임워크의 효과를 조사하여 비교 분석할 필요가 있습니다.

셋째, 새로운 사용 사례와 토큰화 모델 탐색입니다. 블록체인 기술이 계속 진화하고 발전함에 따라 정책 당국자들은 토큰 증권에 대한 새로운 사용 사례와 토큰화 모델을 탐구해야 합니다. 이러한 연구를 통해 공급망 관리, 지적 재산권, 투자 영향 등과 같은 분야에서 토큰 증권을 활용할 수 있는 새로운 기회를 발견할 수 있을 것입니다.

넷째, 토큰 증권과 신기술 간의 상호 작용 분석입니다. 기술 발전의 빠른 속도는 토큰 증권과 인공지능, 사물 인터넷 및 양자 컴퓨팅과 같은 다른 신기술 간의 시너지 기회를 고려해 볼 수 있습니다. 향후 연구에서는 이러한 신기술과의 접점관계를 탐색하고 토큰 증권 개발과 채택에 미치는 영향을 평가할 수 있어야만 할 것입니다.

다섯째, 상호 운용성과 표준화의 영향 분석입니다. 상호 운용성과 표준화 문제는 다양한 플랫폼에서 토큰 증권을 광범위하게 채택하고 원활하게 통합하기 위해 매우 중요합니다. 혁신 금융 시장의 활성화를 위해 토큰 증권 생태계에서 투명성, 효율성 및 위험 관리를 장려하는 데 있어 표준화의 역할을 심층 연구하는 것이 필요합니다. 이러한 연구는 공통 표준 프로토콜 구현과 관련된 이점뿐만 아니라 새로운 블록체인 상호 운용성 솔루션의 잠재적 영향을 검토할 수도 있습니다.

여섯째, 토큰 증권 거래소와 유통 시장의 역할 분석입니다. 토큰 증권 생태계의 유동성과 성숙을 위해서는 토큰 증권 거래소와 유통 시장의 발전과 성장이 필수적입니다. 향후 더 활발한 시장활성화를 위해서는 토큰 증권 거래소의 설립을 주도하는 요인, 이러한 플랫폼이 직면한 규제 과제, 그리고 더 넓은 금융 시스템에 대한 유통 시장 개발의 잠재적 영향을 좀 더 깊게 탐구해야 할 영역입니다.

마지막으로 중앙은행 디지털 화폐(CBDC)가 토큰 증권에 미치는 영향 평가입니다. 국내에서도 현재 테스트 단계인 것으로 알려진 중앙은행 디지털 화폐(CBDC)의 출현은 토큰 증권 생태계에 광범위한 영향을 미칠 수 있습니다. 향후 신흥시장의 활성화 측면을 고려해 본다면 중앙은행 디지털 화폐와 토큰 증권 간의 상호 작용을 분석하여 이러한 디지털 자산이 재무 환경에서 어떻게 공존, 보완, 경쟁할 수 있는지를 심도있게 연구 조사할 필요가 있습니다.

앞에서 언급한 향후 고찰해야 할 사항들은 토큰 증권의 영역에서 추가적인 탐구와 혁신의 잠재력을 강조하고 있습니다. 연구자, 정책 입안자, 이해관계자는 지금부터라도 이러한 주제를 심도있게 연구함으로써 토큰 증권의 미래를 구체화하고 글로벌 금융 시스템에 성공적으로 통합하여 혁신적인 미래 금융 시장을 선도하는 데에 사회경제적으로 많은 기여를 해야 할 것입니다.

참고문헌

곽선호. (2022). 토큰 증권 발행(STO) 시장의 동향과 미국의 관련 규제 현황. *주간 금융브리프*, 31(9), 17-19.

김갑래, et al. (2021). 미국과 EU의 가상자산거래자 보호제도의 시사점. *[KCMI] 이슈보고서*.

김용진, 진승혜, 이승태. (2012). 전략의사결정지원시스템 개발을 위한 이론적 프레임워크에 대한 연구. 디지털융복합연구, 10(10), 97-106.

김용진(2020), 온디맨드 비즈니스 혁명, 오직 한 사람에게로, 샘엔파커스.

김협, 김민수, & 권혁준. (2021). 디파이(De-Fi), 탈중앙화 금융의 가능성과 한계점. *한국전자거래학회지*, *26*(2), 143-155.

김홍배. (2022). 토큰 증권의 편익과 발전방향. 금융공학연구, 21(4), 169-192.

김희열. (2018). 블록체인 플랫폼의 보안 위협과 대응 방안 분석. *한국정보기술학회논문지*, *16*(5), 103-112.

이민하. (2019). 문화 민주주의 관점에서 본 블록체인 기반 미술 플랫폼. *디지털콘텐츠학회논문지*, *20*(3), 673-682.

이정수. (2022). 탈중앙화금융(DeFi)에 대한 금융규제 연구. *증권법연구*, *23*(2), 183-224.

이후빈. (2020). 부동산 유동화 수단으로 블록체인 기술의 활용가능성 연구. 국토연구원, 19(14), 15-34.

최지웅, & 나오고. (2020). 증권형 토큰 발행·유통 현황 및 합리적 규제방안. *경제법연구*, *19*(2), 3-35.

Brummer, C., & Yadav, Y. (2018). Fintech and the innovation trilemma. *Geo. LJ, 107*, 235.

Buterin, V. (2017). Ethereum: a next generation smart contract and decentralized application platform(2013). *URL {http://ethereum.org/ethereum.html}*.

Catalini, C., & Gans, J. S. (2018). *Initial coin offerings and the value of crypto tokens*(No. w24418). National Bureau of Economic Research.

Christidis, K., & Devetsikiotis, M. (2016). Blockchains and smart contracts for the internet of things. *Ieee Access, 4*, 2292−2303.

Kaal, W., & Dell'Erba, M. (2019). Initial coin offerings: Financing growth with cryptocurrency token sales. Northwestern Journal of International Law & Business, 39(1), 1−42.

Kakavand, H., Kost De Sevres, N., & Chilton, B. (2017). The blockchain revolution: An analysis of regulation and technology related to distributed ledger technologies. *Available at SSRN 2849251*.

Lambert, T., Liebau, D., & Roosenboom, P. (2021). Security token offerings. *Small Business Economics*, 1−27.

Manski, S. (2017). Building the blockchain world: Technological commonwealth or just more of the same? *Strategic Change, 26*(5), 511−522.

Momtaz, P. P. (2021). The pricing and performance of cryptocurrency. *The European Journal of Finance, 27*(4−5), 367−380.

Mougayar, W.ˑ(2016). *The business blockchain: promise, practice, and application of the next Internet technology.* John Wiley & Sons.

Rohr, J., & Wright, A. (2019). Blockchain−based Token Sales, Initial Coin Offerings, and the Democratization of Public Capital Markets. *Hastings Law Journal, 70,* 463.

Sasson, E. B., Chiesa, A., Garman, C., Green, M., Miers, I., Tromer, E., & Virza, M. (2014, May). Zerocash: Decentralized anonymous payments from bitcoin. In *2014 IEEE symposium on security and privacy*(pp. 459−474). IEEE.

Narayanan, A., Bonneau, J., Felten, E., Miller, A., & Goldfeder, S. (2016). *Bitcoin and cryptocurrency technologies: a comprehensive introduction.* Princeton University Press.

Schär, F. (2021). Decentralized finance: On blockchain−and smart contract−based financial markets. Federal Reserve Bank of St. Louis Review, 103(1), 153−168.

Subramanian, H. (2020). Security tokens: architecture, smart contract applications and illustrations using SAFE. *Managerial Finance, 46*(6), 735−748.

Swan, M. (2015). Blockchain: Blueprint for a New Economy. O'Reilly Media, Inc.

Tapscott, D., & Tapscott, A. (2016). *Blockchain revolution: how the technology behind bitcoin is changing money, business, and the world.* Penguin.

Workie, H., & Jain, K. (2017). Distributed ledger technology: Implications of blockchain for the securities industry. *Journal of Securities Operations & Custody, 9*(4), 347−355.

Zohar, A. (2015). Bitcoin: under the hood. *Communications of the ACM, 58*(9), 104−113.

부록

출처: Adapted from EY's Tokennization of Assets Report

인터뷰 내용 정리

John Wu(President Ava Labs)

 - Citi Global Insights, "Bridging Banks and Blockchain: Avalanche Deep Dive," webinar, October 19, 2022.

실제 자산을 토큰화하는 이유는 무엇입니까?

실제 자산의 토큰화는 비유동 자산을 수익화하는 새로운 방법을 제시합니다. 예를 들어, 화폐학자나 우표 수집가는 전 세계 구매자와 자산 소유권을 분할하고 공유하고 전시 및 보관을 위해 기본 자산의 보관을 박물관에 전달함으로써 희귀한 수집품인 동전이나 우표를 토큰화할 수 있으며, 이를 통해 부분 소유권을 유지하고 유동성을 확보할 수 있습니다.

아티스트는 또한 소셜 미디어에서 비디오를 만들고 마케팅 및 상업 활동에 비디오를 사용할 수 있는 권리를 나타내는 NFT를 판매할 수 있으므로 중앙 집중식 플랫폼에 지분을 제공하지 않고도 지적 재산(IP)에 대한 수익을 창출할 수 있습니다.

토큰화는 또한 도로, 중장비 및 공공재와 같은 인프라 자산에 자금을 조달하는 새로운 방법을 제공하고 소매점에 직접 연결되는 탈중앙화 금융(DeFi) 채널을 통해 소기업 및 중소기업(SME)을 위한 새로운 자금 조달 방법을 열어줍니다. 토큰화는 블록체인 기술이 투명성, 유동성 및 민주화된 액세스 부족과 같은 전통적인 문제를 해결할 수 있는 가능성을 제공합니다. 또한 토큰화는 잠재적으로 유동성 자본 요청을 줄이고 담보 프로세스를 용이하게 함으로써 투자자 재무상태표에 실제 자산을 보유하는 효율성을 개선하는 데 도움이 됩니다.

실제 자산을 온체인으로 가져오는 과제

단편화된 규제 환경과 통합된 분류 체계의 부재는 디지털 자산의 주요 확장성에 대한 걸림돌입니다(디지털 자산에 대한 일반적인 확장성 걸림돌에는 여러 관할권에 걸쳐 조각난 법률 및 규제 환경과 글로벌 규모의 비통합 분류 또는 분류 표준이 포함된다). 실제 자산의 토큰화는 또한 아래에서 자세히 설명하는 추가 문제에 직면할 수 있습니다.

- **상호 운용성 문제:** 여러 블록체인을 사용하면 블록체인 생태계 외부의 중앙 집중식 백엔드 시스템과 상호 작용하는 동안 상호 운용성 문제가 발생할 수 있으며, 서로 다른 체인에 구축된 새로운 아키텍처 간에도 발생할 수 있습니다.
- **경험이 풍부한 관리인 부족:** 안전한 보관 토큰 및 기본 실제 자산에 대한 전문 지식을 가진 제한된 수의 제3자가 있습니다.
- **복제 및 무단 토큰화:** 퍼블릭 블록체인에 대한 정보는 공개적으로 볼 수 있지만 기본 자산에 연결된 복제되거나 승인되지 않은 토큰을 삭감하는 감시 및 표준 관행이 부족합니다.
- **실제 유동성 위험:** 온체인 유동성은 현실 세계보다 더 깊은 경향이 있는데, 아마도 세분화와 민주화된 시장 접근 때문일 것입니다.
- **높아진 사이버 위험:** 대출자와 자산 소유자의 실제 정보를 공개하지 않고 블록체인의 투명성을 가능하게 하려면 더 많은 기술 개발이 필

요합니다. 프라이버시를 위해 현재 가장 널리 사용되는 솔루션은 영지식 증명(ZKP, 간단히 말해서 지식과 검증을 분리하는 증명)입니다. 토큰화는 또한 블록체인 및 디지털 지갑에 대한 사이버 공격으로 인한 토큰 도난 및 손실과 관련된 추가 위험을 생성합니다.

- **완전한 탈중개화의 어려움:** 사물 인터넷(IoT) 기술과 자산 평가 및 기본 실제 자산의 상태 보고에 사용되는 Oracle 네트워크는 아직 초기 단계에 있으며 대규모 상용화에 도달하려면 시간이 걸릴 수 있습니다. 그때까지 평가, 회계 및 보고와 같은 많은 중요한 단계는 전통적인 금융과 마찬가지로 여전히 인간의 전문성과 육체 노동에 의존할 수 있습니다.

저자소개

정유열(Yu Yeul Jung)

현재 유안타증권 정보보호 최고책임자(CISO), 개인정보보호 최고책임자(CPO)로 재직 중이다. 서강대학교에서 경영학 석사 〈IT아웃소싱 성과관리에 대한 고찰: 대기업 금융 IT아웃소싱 사례 중심〉, 경영학 박사 〈토큰 증권의 역할과 영향에 대한 이론적 이해〉를 취득하였다. 한국거래소(KRX)로부터 파생상품시장 발전에 기여한 공로로 다수의 표창을 수상하였으며, 한국정보기술연구원(KITRI)과 서강대학교에서 금융 SW, 금융 IT Architecture 등 금융 IT환경 과정과 자본시장 ICT아카데미, 금융IT_주식채권시스템 등 금융투자ICT아카데미 과정을 강의하였다. 동양증권에서 IT운영 트레이딩 파트장, 유안타증권에서 업무개발팀장, IT전략팀장, IT본부 최고책임자(CIO)를 역임하였으며, 27년간 금융투자의 전반적인 업무에 대해 금융 IT 및 보안업무를 진행하면서 금융 비즈니스와 보안이 강화된 금융의 새로운 패러다임 영역이 주요 관심사이다.

김용진(Yong Jin Kim)

서강대학교 경영학과 교수로 재직 중이며 글로벌디지털트랜스포메이션연구센터장, 산업부 사업재편계획심의위원회 위원으로 활동하고 있다. 뉴욕주립대(버팔로)에서 경영학 박사, 서강대학교에서 MBA, 서울대학교에서 경영학 학사를 취득하였다. 뉴욕주립대(Binghamton)에서 조교수로 재직하였으며 10년간의 국제무역, 경영기획, IT 컨설팅 경험을 가지고 있다. 금융위원회 비상임위원, 혁신금융심사위원, 국가과학심의회 전문위원, 중소기업정책심의위원회 민간위원, 면세점특허심사위원장 등 다양한 정부 분야의 역할을 수행하였으며, 학술적으로는 한국경영정보학회, 아시아중소기업학회 회장, 자동차산업학회장, 경영학연구 편집장 등을 역임하였으며, 또한 다수의 국제저널 편집위원으로 활약하고 있다. 주요 연구분야는 디지털트랜스포메이션, 금융서비스 혁신, 지식경영, 비즈니스모델혁신, IT 프로젝트와 평가, 그리고 전자상거래 등이다.

토큰캐피털리즘

초판발행	2024년 10월 25일
지은이	정유열·김용진
펴낸이	안종만·안상준
편 집	탁종민
기획/마케팅	최동인
표지디자인	이은지
제 작	고철민·김원표
펴낸곳	(주) **박영사**
	서울특별시 금천구 가산디지털2로 53, 210호(가산동, 한라시그마밸리)
	등록 1959. 3. 11. 제300-1959-1호(倫)
전 화	02)733-6771
f a x	02)736-4818
e-mail	pys@pybook.co.kr
homepage	www.pybook.co.kr
ISBN	979-11-303-2015-1 03320

＊파본은 구입하신 곳에서 교환해 드립니다. 본서의 무단복제행위를 금합니다.

정 가   17,000원